ATEÍSMO
EM SETE LIÇÕES

Dados Internacionais de Catalogação na Publicação (CIP)
(Câmara Brasileira do Livro, SP, Brasil)

Sena, Emerson
  Ateísmo em sete lições / Emerson Sena. – Petrópolis, RJ : Vozes, 2024. – (Coleção Religiões em Sete Lições)

  Inclui bibliografia
  ISBN 978-85-326-6738-0

  1. Ateísmo 2. Ateísmo – História I. Título II. Série.

24-195223   CDD-211.809

Índices para catálogo sistemático:
1. Ateísmo : História   211.809

Cibele Maria Dias – Bibliotecária – CRB-8/9427

EMERSON SENA

ATEÍSMO
EM SETE LIÇÕES

Petrópolis

© 2024, Editora Vozes Ltda.
Rua Frei Luís, 100
25689-900 Petrópolis, RJ, Brasil
www.vozes.com.br

Todos os direitos reservados. Nenhuma parte desta obra poderá ser reproduzida ou transmitida por qualquer forma e/ou quaisquer meios (eletrônico ou mecânico, incluindo fotocópia e gravação) ou arquivada em qualquer sistema ou banco de dados sem permissão escrita da editora.

CONSELHO EDITORIAL

Diretor
Volney J. Berkenbrock

Editores
Aline dos Santos Carneiro
Edrian Josué Pasini
Marilac Loraine Oleniki
Welder Lancieri Marchini

Conselheiros
Elói Dionísio Piva
Francisco Morás
Gilberto Gonçalves Garcia
Ludovico Garmus
Teobaldo Heidemann

Secretário executivo
Leonardo A.R.T. dos Santos

PRODUÇÃO EDITORIAL

Aline L.R. de Barros
Marcelo Telles
Mirela de Oliveira
Otaviano M. Cunha
Rafael de Oliveira
Samuel Rezende
Vanessa Luz
Verônica M. Guedes

Conselho de projetos editoriais
Isabelle Theodora R.S. Martins
Luísa Ramos M. Lorenzi
Natália França
Priscilla A.F. Alves

Editoração: Marina Montrezol
Diagramação: Editora Vozes
Revisão gráfica: Fernando Sergio Olivetti da Rocha
Capa: Editora Vozes

ISBN 978-85-326-6738-0

Este livro foi composto e impresso pela Editora Vozes Ltda.

Sumário

Apresentação, 7

Introdução, 13

Primeira lição ∞ Panorama temporal, questões histórico-sociais, 15

1.1 Tempos remotos, 19

1.2 Religião ou cultos antigos e manifestação de dúvida e descrença, 25

1.3 Antiguidade, Idade Média e Renascença, 37

1.4 Mundo moderno, 51

1.5 Iluminismo, materialismo e ateísmo, 55

1.6 Século XIX: ciência e religião, 59

1.7 Século XX: novo milênio e neoateísmo, 68

Segunda lição ∞ Doutrinas e ensinamentos, 71

2.1 Salvação, realização humana e política, 80

2.2 Para onde vai isto tudo, para onde vai o ser humano, 82

Terceira lição ∽ **Heróis e imanência, 87**

Quarta lição ∽ **Textos consagrados, 99**
   4.1 Poema, romance, conto, 102
   4.2 Textos provocadores e polemistas, 106
   4.3 Textos potentes, 107
   4.4 Fontes digitais sobre ateísmo, humanismo secular e agnosticismo, 114

Quinta lição ∽ **Organizações e grupos, 117**
   5.1 Comunidades, associações e movimentos organizados, 119
   5.2 Hierarquia, população, (des)conversão, Estado, 125

Sexta lição ∽ **Ritos, celebrações, tendências, 133**

Sétima lição ∽ **Símbolos e significados, 145**

Conclusão, 151
Obras para conhecer mais, 153
Bibliografia, 157

Apresentação

Pensar na história da humanidade é pensar sobre as interpretações que nossa espécie fez de si mesma. Quanto mais se recua no passado, menos testemunhas se têm dessas interpretações. Boa parte delas é composta de narrativas – em linguagens escritas, pictóricas ou arquitetônicas – que nos legaram compreensões que os humanos tiveram de suas trajetórias, seus imaginários e de percepções do mundo à sua volta. Dentre as muitas narrativas às quais temos acesso, talvez as religiosas sejam as mais constantes, amplas, abundantes e antigas.

As múltiplas tradições religiosas e espirituais da humanidade são testemunhas do esforço humano por refletir sobre a existência em seus muitos aspectos: pessoais, sociais, históricos, cosmológicos. Elas recolhem, guardam, sintetizam, expressam, interpretam as variadas dimensões da trajetória humana. E isso já há milhares de anos. Ao mesmo tempo, as tradições religiosas são sistemas vivos e dinâmicos, continuam a suscitar na atualidade reflexões, admiração, devoção e até curiosidade; mas também controvérsias, críticas, contestação e dúvidas. Elas continuam a apresentar compreensões sobre o enigma não só do humano, mas de tudo o que o cerca. É inegável, destarte, que as religiões têm um lugar muito importante na história da humanidade, e não seria possível entender as sociedades atuais sem entender o papel que nelas as religiões desempenham. Isso se torna muito claro especialmente em nosso país, onde mais de 90% das pessoas se declaram pertencentes a alguma religião ou afirmam acreditar em Deus ou seguir alguma espiritualidade, mesmo que não tenham qualquer militância ou vínculo religioso institucional.

A Coleção Religiões em Sete Lições quer apresentar a seus leitores e leitoras essa rica herança. O número 7 foi escolhido pela enorme carga simbólica que carrega em diversas religiões. Nossa lista poderia ser bem longa, mas para exemplificar citamos apenas alguns elementos. Para o judaísmo e o cristianismo, o mundo foi criado em sete dias; na umbanda as entidades espirituais são comumente abrigadas em sete linhas; no islã se fala dos sete céus; e a estrela de sete pontas tem valor mágico para diversas tradições religiosas. Assim, consideramos interessante trazer todo esse simbolismo do número 7 como lições em cada volume desta série de obras. Esta coleção tem como ponto de partida a convicção de que cada tradição religiosa é portadora de uma herança sapiencial. Por isso ela pretende, em cada um de seus volumes, apresentar uma tradição religiosa, para que leitoras e leitores possam se aproximar dessa sabedoria memorável. Não é intuito dos textos convencer as pessoas à adesão religiosa nem comparar os sistemas religiosos entre si, muito menos criticá-los, mas tão somente ser um instrumento de conhecimento e compreensão da respectiva religião. A coleção é composta de obras com caráter introdutório para aqueles e aquelas que desejam adquirir um conhecimento básico em determinada religião, de forma que os estudos acadêmicos realizados em centros de ensino e pesquisa sobre os diversos sistemas religiosos se tornem mais acessíveis e divulgados, ultrapassando os espaços das universidades. Com uma linguagem direta e objetiva, a coleção se destina a um público amplo, desde estudantes e professores do campo das Ciências Humanas até toda pessoa interessada no tema religião.

Dado que os sistemas religiosos abrangem muita variedade em termos de história, organização, doutrina e vivência, optou-se por uma estrutura comum em todas as obras, composta por sete capítulos – daí sete lições. Mesmo que os capítulos e subcapítulos de cada volume tenham títulos diversificados, eles estão guiados pelo seguinte roteiro: (1) um panorama histórico do surgimento e da expansão da respectiva tradição; (2) uma apresentação das doutrinas e dos ensinamentos que a distinguem e caracterizam; (3) a compreensão de divindade, seres superiores-espirituais, sagrado ou transcendência – ou a ausência desta dimensão – na religião apresentada;

(4) as narrativas fundantes ou mitológicas, bem como os textos sagrados, quando houver; (5) a organização institucional, bem como a estrutura hierárquica na respectiva religião; (6) os ritos e as celebrações com suas formas, seus calendários e seus significados e (7) a dimensão material pela qual a respectiva religião se faz apresentar, como símbolos, arte, templos etc.

O tema deste volume da coleção é a apresentação do ateísmo. Como se trata de um assunto pouco abordado nos trabalhos científicos e nas diversas mídias do Brasil, permanece desconhecido. Pela falta de conhecimento e por nossa tradição cristã ocidental, as pessoas que se autodeclaram ateias ou outras identidades presentes no "espectro do ateísmo", como céticas, sem religião ou agnósticas, sofrem ainda preconceito e discriminação, pois não crer "em Deus" ainda soa estranho e em determinadas leituras pode significar um indivíduo desprovido de valores. Um ateu pode ser visto como uma pessoa ruim, mas a ruindade distribui-se por gente religiosa e não religiosa. Assim, essa obra é revestida de grande valor social, pois desconstrói visões equivocadas sobre a não crença ou a crença na inexistência de deuses. Assim, trazer o ateísmo na Coleção Religiões em Sete Lições pode causar estranheza ou surpresa em muitas leitoras e muitos leitores. Ora, não é uma coleção sobre as religiões? Por que incluir o ateísmo? Seria o ateísmo mais uma religião? Esses e outros são os desafios que nosso autor enfrenta com louvor, uma vez que a própria definição de ateísmo é controversa. A obra traz um panorama histórico-social para mostrar as origens do ateísmo assim como mostra as suas diversas vertentes, evidenciando a pluralidade de conceitos que lhe é característica. Considerando as diversas formas pelas quais se manifestam ou se tem acesso às concepções ateísticas, o autor faz um passeio por diversos tipos de fontes: filmes, contos, poesias, romances, chegando até as fontes digitais. Destaca-se ainda a visão geral com relação à questão da laicidade nos diversos países do mundo, relacionando ateísmo e dimensão política. Além de proporcionar a leitoras e leitores um conhecimento amplo sobre cada tradição religiosa apresentada, esperamos ainda que a Coleção Religiões em Sete Lições possa contribuir para uma cultura de paz e para o respeito à diversidade religiosa ou não religiosa, pois, embora se divulgue que no Brasil não há guerras religiosas, as pesquisas mostram quanto a intolerância e o racismo religiosos causam danos e prejuízos entre nós, especialmente no caso das religiões minoritárias. Ao apresentar a diversidade religiosa a um grande público, fazemos o desconhecido se tornar mais conhecido, o que pode ser um fator importante para redução ou diluição de preconceitos com relação a uma determinada religião.

Emerson Sena é antropólogo/cientista da religião, doutor em Ciência da Religião, professor do Departamento de Ciência da Religião, da Universidade Federal de Juiz de Fora, e tem diversos artigos, capítulos e livros publicados, inclusive pela Editora Vozes. Para quem desejar ler mais sobre essa temática, ao final desta obra se encontram indicações de outras publicações que servirão como um pequeno guia para se aprofundar. Desejamos a todas as pessoas uma excelente leitura e aguardamos ansiosos a crítica do público!

Dilaine Soares Sampaio
Volney J. Berkenbrock
Coordenadores da Coleção Religiões em Sete Lições

Introdução

No sentido estrito, o ateísmo é fenômeno do mundo moderno: crença na inexistência de Deus, contrário de teísmo. O ateísmo tem origens, figuras fundadoras, movimentos que precisam ser lidos de acordo com contextos (antigo, medieval, renascentista, iluminista, moderno, contemporâneo, não ocidental) e forças sociorreligiosas, culturais e político-econômicas em jogo. O fenômeno ateísta mistura-se ao agnosticismo, ceticismo, panteísmo e humanismo secular. Todos sugerem ausência/esmorecimento de Deus. O agnóstico e o cético suspendem o juízo da razão sobre a existência de deuses. Para o primeiro, não se sabe, não importa saber, se eles existem. Ao olhar do segundo, a verdade existe, mas o conhecimento para obtê-la é incerto. O panteísta e o humanista secular dissolvem Deus na imanência do universo e/ou da vida. Na visão daquele, o universo/natureza é Deus, e Deus é o universo/natureza. O segundo diz: deuses são metáforas de qualidades/fraquezas humano-sociais. Para essas narrativas, prestar culto ou tentar provar a não existência do sagrado/deuses é desnecessário, assim como militar contra essas ideias. O ateísmo militante pode ser visto como uma forma religiosa secularizada. Há misturas entre essas ideias, como o ateísmo agnóstico: não sabemos se deuses existem, mas podemos acreditar que não existem e não precisamos suspender essa crença. Argumenta-se, como faz o brasileiro Gaboardi (s.d., 2017), que o ateísmo é uma crença justificada racional-logicamente que não envolve fé. Crenças, nesse sentido, podem envolver ou não fé religiosa. Para Alec Ryrie (2019), esses fenômenos também podem ser melhor entendidos a partir de uma história coletiva e individual das emoções – da raiva, da ansiedade e da frustração enervante – cominada com a história de sistemas intelectuais dominantes e da adesão ou oposição a eles. Emergem, assim, as ambiguidades entre o religioso e o não religioso/antirreligioso.

Quando se trata de religiões que não têm o transcendental, o conceito moderno de ateísmo precisa ser revisto. Budismo, xintoísmo, hinduísmo, daoismo, religiões afro-brasileiras/africanas, religiões wicca/celta/nórdicas, tradições indígenas e *New Age*, dentre outras, são mais imanentistas do que confissões de adesão individual-subjetiva a uma verdade ontológico-metafísica. Todavia, qualquer prática/crença religiosa relativa ao sagrado pode trazer, por oposição dialética, indiferença, descrença, crença não religiosa ou crença na não existência de divindade. Mas isso não quer dizer que se tornem ateísmo. Este seria moderno e, em suma, um fio trançado da imensa rede composta de descrença, incredulidade, dúvida. Para mergulhos nesse mundo desconhecido, convido vocês à exploração das fontes acadêmico-científicas ao final deste livro.

Primeira lição

Panorama temporal, questões histórico-sociais

O fenômeno ateísta está dentro de um espectro que inclui irreligião, secularidade, laicidade, desencantamento do mundo, descrença. Conceituar, fazer sua história e refletir sobre ele é desafiador. Há problemas epistemológicos e metodológicos. O primeiro é como é que as palavras dão conta das coisas, problema posto há centenas de anos, ao menos desde *Crátilo*, uma das obras de Platão, escrita, como as outras, em forma de diálogo. Michel Foucault volta à questão na obra *As palavras e as coisas,* lançada em 1966. Pode-se pensar que, dado um nome (religião, ateísmo, mercado, Estado, juros), bastaria segui-lo pela história, fontes, documentos, arqueologia, e se alcançaria sua essência ou natureza. Mas as coisas não são as mesmas o tempo todo. Ainda que pareçam ser, ocorre a mudança dos contextos e das coisas, dos seus usos e de suas interpretações, e de como elas são chamadas. O que se chamava ateísmo no mundo antigo não é a mesma coisa que veio a se constituir no mundo moderno ou contemporâneo. Ao recuperar a origem grega do termo "ateísmo" e "ateus", a saber, ausência de deus/divino [*a-theos*, *a* de ausência, *theos* de divino; e *ismo* de movimento/relação], se vê um sentido, mas há muitos outros nomes e coisas.

Duas formas de compreensão, conceitual/abstrata e empírico-histórica, são importantes para distinguir o universal do absoluto, cujos opostos são o particular e o relativo. Um conceito de ateísmo precisa olhar a floresta (universal-abstrato) e as árvores (particular-concreto). As ciências trabalham com conceitos ou definições, instrumentos da razão para melhor compreender e redescrever os fenômenos, a realidade histórico-social, econômico-política que nos rodeia. Esses instrumentos constroem narrativas que lidam com a infinitude do real. Realidades são apresentadas e organizadas em narrativas. Estas não são sinônimo de mentira. Narrativas necessitam de enredo, coerência, correspondência com o narrado, compreensão de suas lacunas e seus limites, justificativa, utilidade, fundamento, comparação com outras narrativas e contextos próximos e distantes.

Richard Rorty (1931-2007) apontava que o conceito pretende ser universal, mas, ao tentar sê-lo, elege algumas coisas e descarta outras. Uma seleção, por mais que se esforce, sempre deixa algo de fora (Rorty, 2021). Não dá para colocar toda a realidade dentro de um conceito. Se tudo vira ateísmo, o sentido se desmancha. Mais ajuda o refazimento das narrativas sobre significados, sua adequação em face das mudanças sociais-humanas.

Gilles Deleuze (1925-1995), ao contrário, defendia a necessidade de conceituliazar fenômenos ao máximo, para que os conceitos pudessem adquirir significado, ser mais bem compreendidos, ajudar a entender a realidade que nos cerca, que nos atravessa e constitui, e que vivemos e construímos juntos (Deleuze, 2012).

Max Weber (1864-1920) (2022) trabalha com definições provisórias como instrumento de trabalho. As definições só poderiam vir depois de exaustivo e longo trabalho histórico, social, empírico. Definições mudam à medida que as investigações avançam e as narrativas se desenvolvem.

O conceito ajuda a compreender as singularidades concretas, e estas problematizam a universalização. O vaivém melhora a interpretação. Por isso não cabe falar de teísmo ou ateísmo como algo estrutural (dado desde sempre). Usar o qualificativo "estrutural" atrapalha. Os fenômenos religião, ateísmo, racismo etc. existem, mas se a eles se acrescenta o qualificativo "estrutural", temos a remissão à ideia de pecado original (tudo-todos são, de antemão, culpados). Anula-se o contexto histórico, social, econômico, cultural e político. Resta culpa, ressentimento, fatalismo, pessimismo ("não adianta lutar, porque é estrutural"). Abusa-se do termo "estrutural", sem pensar nos seus limites e sentidos. O uso de termos e conceitos sempre exige criticidade.

Por isso, definir os sentidos do ateísmo passa pela compreensão das narrativas sobre o fenômeno da religião e da não religião. A crítica dos conceitos de religião e não religião é importante. Talal Asad (1932-) (2003) analisou a categoria "religião" tal como foi produzida no mundo ocidental: um elemento universal-natural, dado sempre, com espaço e função específica. Essa categoria ligou-se à formação do Estado moderno e à metafísica do sujeito (subjetividade e Eu supostamente únicos, indivisíveis, indevassáveis). Em algumas teologias, defende-se um sujeito predisposto ao sagrado ou uma experiência transcendental. Mas isso é uma construção, não uma natureza absoluta dada desde a eternidade. É preciso pensar limites e utilidades das ideias e sua reação com as emoções e a dimensão social-econômica.

A regulação moderno-estatal sobre o religioso veio com a modernidade ocidental: a separação público/privado e entre poder da instituição religiosa e poder público. Aí, a religião se tornou uma dimensão da vida com regras, normas e função próprias. Depreendem-se dessa formação aspectos positivos, como a separação institucional entre religião e política e a regulação de suas inter-relações. Mas essa experiência histórica é confrontada por Asad (2003) com o que se considera religião e não religião em outras experiências não ocidentais. Fica a questão de quando se pode falar em ateus e ateísmo. Os homens primitivos eram religiosos ou ateus? Nem um, nem outro. Necessita-se, agora, de um aceno ao quase imemorial.

1.1 Tempos remotos

Formas classificatórias (taxionomia) da vida são complexas, podem mudar a partir do avanço das investigações científicas, mas a proposta de Carl von Linné (1707-1778), cristão criacionista, ainda é usada. Importa, neste livro, a noção de gênero e espécie/subespécie. Mais acima, nesta sequência, há: família, ordem, classe, filo e reino. São cinco os reinos da vida: animal, vegetal, fungi, monera e protista.

Conhecimentos científicos disponíveis (paleoantropologia, bioarqueologia, arqueologia, genética/genômica, antropologia evolucionária, história) narram a longa história do gênero homo e das espécies humanas. Evidências sugerem que o ancestral comum aos hominídeos e chimpanzés surgiu há 20 milhões de anos, em *hábitats* abertos na África. Há 7 ou 8 milhões de anos, teria começado a separação entre ancestrais das espécies humanas (hominídeos) e os chimpanzés. Na África do Sul, nas cavernas Rising Star, em câmaras de difícil acesso, sem luz natural, foram encontrados entre 2015 e 2022 restos mortais do *Homo Naledi* em posição fetal, enterrados com cuidado. O transporte de indivíduos ao local da sepultura exigiu uso de fogo, habilidade, colaboração, talvez rituais, procedimentos complexos e simbólicos. Havia formas geométricas (pictografia) e restos de fogueira com ossos de outros animais. Estima-se que esses traços tenham 270 mil anos. Talvez a cultura não tenha sido atributo exclusivo da nossa espécie humana.

Supõe-se ser esta a linha evolutiva da espécie humana moderna: *Australopithecos* (família *hominidae*) ►*Homo Habilis* ►*Homo Erectus* ►*Homo Heidelbergensis* e, daqui, uma trifurcação: *Homo sapiens* = *Homo Neandertalensis* = *Homo Denisova*. Com a extinção de duas espécies, a sobrevivente, que emergiu em torno de 200 mil anos, cresceu, espalhou-se e tornou-se o que é hoje.

A análise genética sugere intercruzamento entre denisovanos, neandertais e humanos modernos. As populações da Europa Ocidental contêm de 1 a 2% de genes neandertais; e as asiáticas, aborígenes australianas e filipinas nativas, de 1 a 6% de genes denisovanos. Sustentadas em achados materiais, algumas teorias defendem que a espécie *Homo Sapiens sapiens* descenderia de populações que conviveram na África antes de convergirem em uma única, a partir de eventos/lugares independentes e sua expansão pela Europa, Ásia e Américas.

Das outras espécies do gênero *homo*, há indícios do Homem de Neandertal em território europeu/asiático, cuja imagem de bruto/desinteligente é errada. Pigmentos corporais de cor ocre, talvez marcação de pertença tribal, e instrumentos musicais (ossos) datam de 100 mil anos. Eles caçavam, fabricavam instrumentos, enterravam seus mortos, tinham cultura e domínio da linguagem oral. Foram predecessores e contemporâneos de nossa espécie.

As causas da extinção e sobrevivência das espécies do gênero *homo* permanecem em investigação. É provável que sejam muitas e complexas. Em todo esse panorama, os funerais, a consciência da morte/finitude dos indivíduos da espécie, bem como sua ritualização, é um elemento simbólico fundamental. Não dá para saber se, com isso, havia crença em outra vida ou dimensão, se havia religião ou espiritualidade, se havia dúvidas, não crença, irreligião, crença na inexistência de vida *post mortem*. Acredita-se que, ao menos sob formas sistematizadas, como as desenvolvidas pelo legado greco-romano e judaico-cristão, há indícios de religião, não religião, incredulidade. Se houver algo nesse sentido, talvez tenha existido sob formas desconhecidas.

Por isso, olhar para artefatos ou mitos de sociedades tribais – sejam as de agora ou as de outrora – e vê-los sem valor é um erro. Há neles complexidade técnico-simbólica, anatômica, cerebral, cultural-social, sejam pedras lascadas, flechas, pinturas ou tarefas simples (modelar argila). Há imensa gama de atividades que os vestígios permitem entrever. São parte do longo processo de formação dos tipos de pensamento: o técnico-concreto relativo a afazeres diários, construções, observações do céu, da vida, da terra, dos animais, de si, dos outros; e o simbólico, relativo à dimensão mítico-religiosa, que envolverá o artístico, o mágico (manipulação ritual de objetos para alcançar resultados práticos), o religioso e, por decorrência, o não religioso. Ambos os pensamentos se imbricam, mas, à medida que os modos de produção político-econômica da vida humana e as respectivas culturas e sociedade desenvolveram-se, eles diferenciaram-se, tornaram-se magia, ciência, técnica, religião, filosofia, artes.

Na nossa espécie, os tipos de pensamento – simbólico e prático-técnico – estão em constante interação. O primeiro é a capacidade de representar, trazer novamente à presença, por meio de sinais/signos (pictóricos, sonoros, visuais, corporais), ideias, sentimentos, imagens, a partir da convergência entre montagem (bricolagem) e interpretação. Daí surgem as narrativas, os mitos (Lévi-Strauss, 1990). É a saída da imediatez dos instintos.

Inclui razão, entendimento da relação causa e efeito de forma lógica e metafórica, expressão de raciocínios e emoções. O pensamento prático-técnico é a capacidade fazer tarefas e movimentos aplicados, concretos.

Sociedades caçadoras/coletoras *sapiens* fizeram as primeiras domesticações de animais (cão, cavalo), produziram instrumentos técnicos, rituais, referências ao pós-vida. Foram produzidas complexas narrativas poético-míticas das origens da vida, do homem, do universo, de tudo o que vive, da morte, da doença. Com a invenção da agricultura, ao redor de 12 a 15 mil anos, o ser humano moderno fixou-se, embora muitos grupos tenham permanecido nômades. As concepções de divindade e os cultos mudaram. Narrar essa história, longa e complexa, por ideias como "sobrevivência do mais forte" não dá conta da teia da vida e da não vida (Ingold, 2019). Essas imagens erradas fortaleceram ideologias de consagração da ordem social injusta do mundo, justificaram racismos, desigualdades sociais, campos de concentração do colonialismo (século XIX) e do nazismo (século XX). A ordem social injusta-desigual é fruto do modo como as sociedades se organizam socioeconomicamente. Nisso não há nada de natural, nem de destino, nem moral.

Em nossa história como espécie, sociedade/cérebro/mente, razão/símbolo, cultura/natureza, instinto/história desenvolveram-se juntos, reforçaram-se, conflitaram uns com os outros, complementaram-se, transformam-se. Antes da escrita, não é fácil saber se seres humanos olhavam para a caça fracassada ou os rituais mágicos sem resultado e duvidavam dos deuses, xingavam-nos, tornavam-se *a-theos*. Talvez essa humanidade olhasse as divindades e oscilasse entre crença e descrença. Evidências de incredulidade foram identificadas quando surgiram tecnologias de registro da memória/imaginação/pensamento. Elas se espalharam por sociedades e civilizações (África, Ásia, Índia, Europa, Américas, Oceania etc.). Resquícios desses documentos/fontes chegaram ao tempo presente. Nesses antigos escritos havia deuses/heróis e suas sagas, forças eternas imanentes, cosmogonia, origem da vida, do mal. Em menor quantidade, veio ceticismo, indiferença, revolta, risos contra as divindades. Talvez esses comportamentos tenham surgido das emoções de dor e revolta, da ira, ou da percepção do vazio entre o que ocorria no cotidiano (sofrimento, morte, doença) e o que sacerdotes, magos, profetas diziam, o que o culto prescrevia, o que a magia tentava manipular. Nasceram as teodiceias, tentativas teológicas racionais de explicar e/ou justificar sofrimento, o mal, as injustiças e desordens do mundo (Weber, 2006).

Monumentos materializam ideias mítico-políticas religiosas ou não religiosas. Por isso, dos primórdios às primeiras civilizações, poderosos símbolos floresceram, como os monumentos feitos com rochas. Um dos mais famosos é Stonehenge, em Salisbury, Inglaterra. Formado por imensos blocos circulares, teria sido construído, segundo especialistas, por volta de 3100 A.E.C. (final do Neolítico), quando grupos humanos se fixaram à terra, criaram ferramentas, técnicas e divisão social do trabalho mais complexas. O lugar foi observatório astronômico (solstícios), espaço de cerimônias, dentre outras funções. Astrologia, magia, técnica, religião, política, arte estavam misturadas.

1.2 Religião ou cultos antigos e manifestação de dúvida e descrença

Religiões antigas, como a grega, são formações de culto e rito. A relação com os deuses era exteriorizada, a profundidade era do cosmos, não do eu ou da subjetividade individual, autorreflexiva. Os primeiros processos documentados contra ateus são gregos, poucos sofriam penalidades. Os acusados não eram contra os rituais, que definiam a identidade cívica à cidade-Estado, e não sofriam penalidades por inteiro. A religião dos romanos baseava-se em rituais cívicos, o culto cívico. Com o cristianismo, mudou-se o sentido do culto, da religião. Religiões modernas tendem a considerar a relação entre o fiel e o divino mais individualizada, subjetivada. A profundidade deslocou-se do cosmo para o eu/sujeito. O ateísmo passou a ser crença na inexistência de Deus.

As religiões/cultos do mundo antigo eram práticas coletivas. Abarcaram pequenas, médias e grandes sociedades, impérios, cidades-estados, civilizações (Mesopotâmia, Grécia, Roma, Extremo Oriente, América Central e do Sul, África). A religião não era um domínio separado da vida social, como veio a ser no mundo ocidental moderno. Abrangia Américas, Índia, África (Egito, Reinos Negros), Mesopotâmia-Ásia. Não é religião no sentido moderno: esfera de valor com questões/lógica próprias, como as ontológico-metafísicas, separada de outras esferas (política, economia, ciência, sexo, arte). Havia culto cívico (cidade-Estado, império e cultos de iniciação, específicos). Por conta de condições sociais-históricas – fusão entre poder teocrático e poder político-econômico, dentre outras –, o pensamento racional crítico teve desenvolvimento lento. Mas, na Grécia, ele alcançou massa, amplitude, potência e especificidade que nos foram legadas e formaram nossas raízes.

Rei, faraó, imperador eram vistos como entidades divinas/sagradas, filhos de deuses, deuses ou suas manifestações. No esquema de Max Weber e Pierre Bourdieu (1930-2002), sacerdotes (burocratas do sagrado) estão a serviço de cultos organizados pela ordem política institucional; profetas lutam contra monopólios religiosos-políticos; magos/feiticeiros oferecem serviços de magia (cura, recursos materiais) nas brechas das disputas entre agentes e estruturas, configurando um campo, um *habitus* (estrutura social internalizada) e uma disputa por capital simbólico. Nessas entrelinhagens, talvez se movia o irreligioso, o arreligioso, o antirreligioso. Na religião grega antiga, os deuses estavam na Terra (Monte Olimpo). Eram imanentes; não infinitos em poder, conhecimento, presença; celebravam a carne (sexo, luta, paixões) (Kerényi, 2022). É o oposto de uma das imagens fortes do monoteísmo judaico, cristão, islâmico. Em reação a essa imagem, emerge o ateísmo moderno. Mas há várias imagens de Deus no monoteísmo, assim como de diabo, demônio, satanás, alma, céu. E elas não são iguais do ponto de vista literário, histórico e social. A construção do monoteísmo foi lenta, histórica, cheia de desvãos e trilhas. Yahweh (Jeová/Deus) tinha uma esposa, Asherah, que, no fim das contas, foi eufemizada e eliminada do cânone bíblico e do céu judaico-cristão.

Retomamos a questão do nome e das coisas. Os nomes dados não espelham as mesmas coisas, embora estas carreguem nomes dados ou autoatribuídos. Nem os nomes, nem as coisas guardam iguais sentidos e formas em todas as situações ou contextos. Entender a especificidade das coisas, os nomes e as mudanças dos nomes e das coisas, compreender a relação nome-coisa, é vital para não fazer mitologia e ideologia ao se estudar ateísmo.

O historiador britânico Tim Whitmarsh (2016) identificou uma longa tradição de descrença da religião. Sua mais forte manifestação pode ser encontrada no Antigo Mediterrâneo com os primeiros filósofos da Grécia (600 A.E.C.). O que se sabe provém de pequena parcela da população (homens letrados). Sobre mulheres e escravos, sabe-se menos, há pouca preservação de fontes. Talvez tivessem semicrença ("não creio, mas talvez exista"), sentissem-se abandonados pelos deuses (*a-theos*), mas pudessem mudar de postura quando o culto aos deuses se aproximava. Aí, cumpriam obrigações. Prefere-se falar, nesse sentido, em culto, o culto cívico, a religião da cidades-estados, que tinham uma divindade patrona. A da cidade-Estado Atenas era a deusa Atenas. Mas existiam os cultos mistéricos (órficos-pitagórico), que agrupavam iniciados em cerimônias e ideias religiosas. Eram voltados apenas para alguns grupos.

Na filosofia da natureza, filósofos colocaram cosmovisão mitológico-religiosa em planos racionais, desencantados. Em Tales (624 A.E.C.), Anaximandro (610 A.E.C.), Anaxímenes (588 A.E.C.), de Mileto (Ásia Menor/Turquia) a natureza pode ser explicada por princípios naturais, com observação empírica e raciocínio lógico-causal. Qual era a *arché*, substância primeira, da qual todas derivam, qual origem da vida existente (veio do um/único ou veio do dois/plural;

como ela veio do inorgânico ao orgânico) foram questões postas que ainda nos fascinam.

Os filósofos gregos mantinham uma relação com as divindades/deuses que preenche e permeia toda a cultura grega, diferente da dos rapsodos, sacerdotes e cultuadores. Parmênides (515 A.E.C.) e Heráclito (540 A.E.C.) criaram ideias poderosas: o princípio da identidade lógica e o da mudança (dialética), apelando para deuses/musas. Pitágoras (571 A.E.C.), pensador e matemático, envolveu-se nos mistérios órficos. Ritos de iniciação religiosa do mundo grego antigo foram secularizados. Tornaram-se, no campo filosófico, regras de vida/caminho ascético ou caminhos de pesquisa que usavam instrumentos mentais-lógicos (geometria/matemática), técnicas de argumentação e exercícios espirituais de concentração e corporificação. Não havia o desencantamento do mundo, característico da época moderna, que separou ciência, magia e religião.

A partir de 500 A.E.C., o mundo grego passou por profundas mudanças. A Era Arcaica/Intermediária havia terminado. Guerras eclodiram, cidades-estados gregas se expandiram ainda mais pela Itália e Turquia. Novas formas de governo surgiram. Antigas tradições eram criticadas. A democracia em Atenas, por volta de 500 A.E.C., vivificou a cidade, embora não para todos (mulheres, estrangeiros/escravos não participavam, embora houvesse exceções). Podia-se participar da votação de leis e do julgamento de crimes. Nasceu uma ordem laica, e o ateísmo foi retratado em comédias, como as de Aristófanes (Whitmarsh, 2016). Poetas questionavam os deuses, não no sentido ocidental do que se passou a entender como crítica. Surge o *agnostos*: aquilo cujo conhecimento não está disponível ainda ou é quase impossível (agnóstico/agnosticismo). Xenófanes de Colófon (400 A.E.C.), poeta e filósofo grego, reparava que os deuses existentes eram semelhantes aos seus povos: os dos etíopes tinham narizes empinados, cabelos pretos; os dos trácios, olhos castanhos, cabelos vermelhos.

O historiador Tucídides narrou a Guerra do Peloponeso (432-402 A.E.C.) sem recorrer aos deuses, como nos textos da *Ilíada* e da *Odisseia*, atribuídos a Homero. O fundador da medicina, Hipócrates, aventou causas naturais para as doenças. Protágoras de Abdera (480- 411 A.E.C.), sofista – grupo de pensadores criticado por Sócrates e Platão (427-347 A.E.C.) –, foi acusado de blasfêmia ao criticar os deuses. Ele lançou a ideia do homem como medida de tudo, revigorada na Renascença (1350-1500), origem do humanismo secular. Nasceram mais narrativas para a vida dos homens: *mythos* e *logos*; poesia, literatura, ciências, história, geografia. A filosofia terá, mais tarde, um de seus grandes inventores: Platão.

Na Grécia, o pensamento crítico, as ciências e a filosofia emergiram em condições sociais específicas (cultura democrático-urbana[1], educação) e tornaram-se distintas do pensamento religioso-mágico-poético. Os mundos antigos não eram isolados e homogêneos. Rotas comerciais grandes e pequenas, guerras, migrações estabeleciam trocas e contato entre ideias, corpos e práticas, impérios, regiões, cidades. Não se descarta sutil influência dos gimnosofistas hindus (sábios nus) sobre a filosofia grega. No pensamento hindu há elementos que sugerem o *a-theos*. não no sentido grego antigo ou ocidental moderno, mas em sentido filosófico oriental. A influência dos pensamentos e estilos de vida em voga se estendeu aos livros bíblicos. Eclesiastes, ou *Qohélet* (Antigo Testamento), escrito por volta de 250 A.E.C., após o surgimento das grandes escolas filosóficas gregas, é uma bela expressão secular. No primeiro capítulo, lê-se: "[...] Que *grande inutilidade*! *Nada faz sentido*! O que o homem ganha com todo o seu trabalho em que tanto se esforça debaixo do sol? Gerações vêm e gerações vão, mas a terra permanece para sempre" (grifos do autor).

A filosofia da natureza produziu uma ideia basilar: fenômenos naturais podem ser explicados a partir de cadeias de causa/efeito, provadas com lógica e empiria. Universo, vida, ser humano são compostos de átomos e

---

[1]. A democracia grega tinha especificidades: não incluía mulheres e escravos, usava sorteio.

vácuo/vazio, no mundo humano (mortal, efêmero). O mundo dos imortais era concomitante ao dos mortais. Em algumas filosofias gregas, o universo era descrito como infinito, eterno, cheio de mundos além do nosso. Epicuro (341-271 A.E.C.), filósofo grego estudado na tese de doutorado de Karl Marx (1818-1883) transformada em livro postumamente, afirma: "[...] nada surge do não existente. [...] se fosse assim, tudo surgiria de tudo, todas as coisas já teriam perecido, já que aquilo em que se dissolveram seria não existente. [...] no universo tudo sempre foi como agora é e sempre será assim"[2] (Marx, 2018, p. 61).

O medo da morte e dos deuses é declinado. Epicuro questiona os deuses e sua impotência em eliminar o mal, a injustiça, do mundo: se ele quer, mas não consegue, é fraco; se ele pode, mas não quer, é mau; se ele nem quer, nem é capaz, é inútil. Mais à frente, Aristóteles criticou os antigos por acreditarem que o céu era suportado por Atlas, o mítico titã condenado pelos deuses por rebelião (Marx, 2018, p. 115). Ele desenvolveu pesquisas empíricas, métodos, e avançou na biologia, na gramática, na lógica e em outras áreas científicas. O pensamento racional grego desvinculou-se do mito (*Ilíada*, *Odisseia*) e seus rapsodos (Homero).

---

2. A tese de doutorado em filosofia intitula-se "Diferença entre a filosofia da natureza de Demócrito e a de Epicuro". Manuscrita entre agosto de 1840 e março de 1841 na Universidade de Jena, ficou incompleta, apesar das tentativas de publicação. O texto discute liberdade e determinação no atomismo de Demócrito e de Epicuro.

Do ponto de vista político-jurídico, a antiguidade greco-romana tinha uma legislação que previa o crime de impiedade – deixar de prestar culto aos deuses das cidades ou às autoridades. Anaxágoras de Clazomena (500-428 A.E.C.), filósofo, e Diágoras (465-410 A.E.C.), poeta, foram condenados pelo decreto de Diopites (Atenas, 432 A.E.C.). São as primeiras fontes documentadas de acusação de ateísmo/impiedade. O mais famoso julgamento foi o de Sócrates (399 A.E.C.), acusado de corromper jovens, inventar novos deuses, não acreditar nos da cidade natal. Durante o julgamento, apesar de usar o *elenkhós*, método da refutação, ele perdeu a votação, aceitou as leis da cidade, tomou cicuta e morreu junto dos que o seguiam. Houve julgamento público, votação democrática. A sentença foi morte por envenenamento. No método da refutação, Sócrates indagava passantes na Ágora, praça de Atenas. Ele colocava uma proposição, perguntava a seu interlocutor, ouvia a resposta, lançava uma segunda questão em cima dessa resposta, que levava o passante a se dar conta de contradições, e perguntava novamente, até chegar a uma aporia, ou rua sem saída.

O processo investigativo se dava na conversa viva e resultava numa situação insolúvel (aporia). Talvez um método ateísta/agnóstico. O grande mestre da filosofia ocidental não deixou nada escrito, não porque desprezasse livros, mas talvez porque pensasse que eles sempre davam respostas iguais quando indagados. Eles não conseguiam (re)formular perguntas e manter uma conversa viva. Após o julgamento, Sócrates tomou o veneno e morreu entre seus discípulos. A tragédia marcou Platão, seu famoso discípulo, cujo livro *A república* é também uma crítica à democracia e à injustiça, bem como uma busca da Forma Essencial (Ideal) da justiça/cidade justa, da beleza/verdade/bem (metafísica platônica).

Platão escreveu uma tentativa de manter o frescor da conversação sob a forma de diálogo. Quando os conteúdos do livro são conversados, o que estava fixo e escrito vive. Alguns argumentam que no livro *As leis*, de Platão, teria nascido o sentido negativo de ateísmo (Minois, 2014). Do ponto de vista histórico-social, em algumas situações, o ateísmo virou categoria de acusação, lugar no qual eram jogadas minorias e pessoas que se desejava culpar, excluir, segregar e eliminar. Não há semelhança com o que o ateísmo veio a ser a partir do século XVIII no mundo ocidental.

Ceticismo e cinismo ganham influência sobre o Ocidente ao irrigarem o mundo romano, que se tornou cristão. Nascem de contextos históricos, como a expansão, crise e queda das cidades-estados gregas e suas lutas com outros impérios, como o Persa, as conquistas de Alexandre Magno e o Império Romano. O primeiro não duvida da verdade. Ela existe. A dúvida refere-se aos caminhos para alcançá-la, passíveis de crítica, revisão, incerteza. Sobre o conhecimento dos deuses, não há certeza. Na raiz etimológica, cínico – grego: *kynikos*, latim: *cynicus* – quer dizer amigo dos cães. Esses melhores amigos dos seres humanos foram tomados como modelo comportamental para desafiar convenções humanas. Diógenes de Sinope (413-323 A.E.C.), dentre outros, questionava hábitos, rituais, inclusive os cultos aos deuses da cidade. Nada é natural. Leis, costumes, instituições, são frutos de convenções/escolhas coletivas que repousam sobre bases acordadas entre os humanos. Os filósofos cínicos viviam despojados-errantes. Algumas passagens, como a de Diógenes saindo com uma lanterna ao sol, à procura do homem, ou lançando uma galinha depenada no pátio da Academia após Platão dizer que o homem seria um bípede sem penas, devem ser lidas não como algo pitoresco, mas dentro de uma narrativa filosófica que influenciou pensadores moderno-contemporâneos.

Pode-se lembrar de Aspásia de Mileto (460-401 A.E.C.). Viveu no apogeu da Grécia. Conheceu Sócrates, com quem, na narrativa de Ésquines (390-315 A.E.C.), teria mantido conversações filosóficas parecidas com o *elenkós* socrático. Péricles, governante de Atenas, apaixonou-se por ela. Casaram-se. Ela teria ensinado a retórica a ele. Acusada de ateísmo, talvez pela maneira de filosofar, influenciou o método socrático. Era uma das heteras, cortesãs profissionais independentes que cultivavam beleza, dança, literatura, e iam além do permitido à maioria das mulheres. Por ser uma estrangeira (nascida fora da cidade-Estado), conseguiu contornar regras, como a proibição de estudar. Contudo, mulheres estrangeiras pobres estavam desprotegidas e sofriam múltiplas violências.

Em termos políticos-geográficos, Alexandre Magno (356-323 A.E.C.), emergido de um complexo contexto político-cultural, fez um grande império ao conquistar as cidades-estados gregas e expandir domínios rumo a Mesopotâmia, Oriente Médio, Ásia Central, Índia. Nascia a cultura greco-helênica. Muitas transformações aconteceram, velhos e novos cultos religiosos entrechocaram-se, novas crises sociais e econômicas surgiram.

A República de Roma (509-27 A.E.C.), depois o Império Romano (27 A.E.C.-476), absorveu ideias gregas, helênicas e orientais, inclusive a seita dos cristãos. Movimentos e estilos de vida nascidos nesse entroncamento de civilizações e culturas irrigaram o secularismo. Lucrécio (94-50 A.E.C.), poeta e filósofo romano apreciador da doutrina de Epicuro, endossou a ideia no belíssimo texto *De rerum natura*. Depois veio Sêneca (4 A.E.C.-65), filósofo estoico, ao dizer que deus/deuses declinam do mundo (*apud* Marx, 2018, p. 79, nota 23). Este pensador, herdeiro de tradições republicanas, fez mordaz sátira do culto divino ao Imperador Cláudio que o Senado proclamou: *A Apocoloquintose do divi-*

no Cláudio/A transformação de Cláudio em abóbora. O poder político divinizado foi objeto de dessacralização pela sátira.

A construção filosófica racional lançou mão de mitos das antigas teogonias como metáforas, para ilustrar intuições/reflexões sobre o homem, a vida e o cosmo. No mundo moderno, pensadores usam constantemente recurso similar, como ironia, ilustração, didática. Em 1926, Albert Einstein (1879-1955) escreveu: "Estou, em todos os casos, convencido de que Ele [Deus] não joga dados". Ele reagia ao físico Max Born (1882-1970), que afirmou: "A mecânica quântica tem um coração que bate incerto e aleatório".

1.3 Antiguidade, Idade Média e Renascença

Uma das origens do termo "religião" (*religio/relegere*) é a sociedade e história romanas: fazer as corretas práticas cívico-cúlticas, prestar devida atenção, reler e, portanto, não cair em impiedade ou ateísmo. Uma corrente de fé e prática chegou à capital do Império, vinda do Oriente Médio. Com raízes judaicas e de outras crenças religiosas, fincou pé em Roma. Logo cresceu entre a população de escravos, camponeses, exército e nobreza, não sem conflitos internos e acomodações.

Em 156, diante de um juiz do Império Romano, o bispo cristão de Esmirna, Policarpo, foi preso e julgado por práticas ateias. Ateístas eram aqueles que se recusavam a tomar parte nos cultos/deveres cívicos públicos romanos. A formação do sentido negativo ligou-se à ação do poder político-religioso antigo contra seus opositores. Epicuristas eram considerados ateus porque negavam a ordem providencial do mundo.

Quando o cristianismo virou religião oficial do Império, cultos pagãos foram proibidos pelos decretos imperiais de Teodósio (380). Diz o *Decreto contra os hereges*:

> Ordenamos que as pessoas que obedeçam a essa ordem adotem o nome de cristãos [...]. Os demais [...], a quem julgamos dementes e insanos, devem sustentar a infâmia de dogmas heréticos, seus locais de reunião não devem receber o nome de igrejas, e devem ser castigados primeiro pela vingança divina e [...] pela retribuição de nossa própria iniciativa, a qual assumimos estar de acordo com o julgamento divino (Grassiano *et al.*, 1952).

Os cristãos dos primeiros séculos aceitavam que os deuses pagãos haviam existido como demônios ou como humanos notáveis. O Império Romano dissolveu-se lentamente. Após 400, espatifou-se. Reinos bárbaros surgiram. Novas e poderosas transformações sociais, econômicas e políticas produziram outra configuração de ideias. A Igreja se tornou uma poderosa instituição. O cristianismo predominou, mas houve resistências de culturas e grupos subordinados, reelaborações, incorporações de múltiplas influências sociorreligiosas não cristãs.

A Idade Média, Alta e Baixa, é cheia de religião, não religião e blasfêmias. Nasceu a era do teocentrismo: a ideia de Deus como centro social, moral, econômico, político-cultural. Havia experiências singulares, como a do califado de Córdova (929-1031), atual Centro-Sul da Espanha, que promoveu a convivência entre judeus, cristãos e muçulmanos. Os ateus eram vistos como tolos e loucos. Relegados, não sistematizam pensamento. Somam-se a hierarquia sagrada, a terra, a servidão, o feudo. Mas há muita coisa dentro do tempo-espaço medieval: revoltas, religiões populares, nobres/servos, filosofias, teologias, ciências, festas, penitências, jogos, trovadorismo, clero/leigos, amor romântico, folclore, peregrinações, vinho/carne, venda de indulgências/relíquias, cruzadas, desordens, hierarquias sagradas, experiências conviviais, heresias, paganismos, Igreja, templos, tavernas, batalhas, inferno, céu, purgatório, monstros e demônios, anjos, aparições.

A herança greco-romana da cultura e da filosofia é ressignificada, misturada a influências judaico-cristãs e orientais. Entre o fim do Império Romano, os Reinos Bárbaros e a nova organização social que emergia, com a Igreja no centro, há longa história. A fé cristã oficial ocupou espaços, culturas, cidades, campos, mas, se havia dogma, igreja, fogueiras inquisitoriais, havia povo, folclore, religião popular, carne, vinho, feitiçarias, bruxarias. Nas franjas da batina e das rendas litúrgicas nasceram heresias, interpretações divergentes do que veio a ser a doutrina oficial. Eram tratadas como subversão da ordem divino-política, blasfêmia, ateísmo, um crime que podia ser punido pela Igreja e pelo Estado com prisão, exílio ou morte. Mas a diferença entre o dogma oficial e a heresia é político-teológica. A heresia é um dogma sem poder; sem reis, imperadores, príncipes; sem exército, dinheiro, mercenários; ou bispos, sacerdotes; com massas de seguidores, e não encontrou ressonância com a sociedade/época em que surgiu. Não se tornou cânone.

As heresias são documentadas pelos inquisidores-perseguidores padres dogmáticos. Com métodos histórico-antropológicos, leu-se essa documentação de formas inovadoras, que trouxeram o subalternizado, o reprimido, o castrado. Heresia coloca dogma e hegemonia religiosa oficiais em dúvida, resvalando rumo a algum *a-theos*. Mas nada que fosse uma identidade militante, um grupo praticante amplo. Heresias são interessantes. Em 851, o filósofo Escoto Erígena (810-877), no livro *Das predestinações*, teria afirmado que Deus não prevê penas nem pecados, que estas seriam duas ficções, assim como o inferno. Por essa época, o teólogo/filósofo Amaury de Bena (1150-1207), nascido perto de Charters, centro do Império Carolíngio, tornou-se líder de um grupo religioso cristão divergente (amalricanos). Eles defendiam que Jesus Cristo, ao aceitar o próprio sacrifício em favor dos seres humanos, apagou para sempre o pecado original, dogma central do cristianismo. Não há mais culpa, não são necessárias penitências, não se paga uma dívida duas vezes (Onfray, 2008). Seríamos incapazes de pecar. Há um enorme rastro de cristianismo hedonista que pouco se conhece.

A heresia rompia, por dentro, a unidade Reinado-Igreja assentada em dogmas oficiais, que, por sua vez, eram construídos em uma interpretação específica dos escritos sagrados. A invenção da culpa original, por Agostinho de Hipona (354-430), foi uma grande sacada: todos são culpados antes de nascer. O motor dessa culpa foi uma solução teológico-filosófica que tentava conciliar a tradição grega com a judaico-cristã. Houve efeitos não intencionais: dominação, medo, culpa. A expressão agostiniana de louvor e gozo pelo pecado e pelo salvador levam ao ápice a contradição: *"Felix culpa, quae talem ac tantum habere meruit Redemptorem!"* [Oh, feliz culpa que mereceu tal e tão grande redentor!]

O pecado de Adão, essa mitologia cristã, irriga o mundo ocidental. Assim como Adão e Eva se rebelaram contra a vontade de Deus, também o corpo humano, quando excitado – em ereções ou orgasmos incontroláveis –, desobedece à razão natural. Eis o sinal, segundo a analogia agostiniana. Criou-se a religião da culpa e do sexo apenas entre homem e mulher no casamento, única exceção legítima ao orgasmo incontrolável do corpo, corrompido pela mancha original. Mas o bispo africano dizia em sua famosa obra *Confissões* (livro VII, 7, 17): "Senhor, dai-me castidade e continência, mas não ainda".

Processos de renascimento urbano, contradições lancinantes, misturas entre religião oficial e crenças populares, e emoções sociais fomentaram o imenso campo borbulhante de ideias e práticas religiosas/não religiosas. A variedade e intensidade das heresias foi enorme: muitas tinham seitas e lideranças. Algumas reuniram grandes extensões geográficas, bispados, massas, como os cátaros no século XIV (um terço da atual França). A Igreja, às vezes dividida (como em 1370, com dois papas), intervinha com mão de ferro para exterminá-las. No curso de sua trajetória, a Igreja canonizou mitos. Havia santos/santas que eram lendas oriundas do mundo pagão (etrusco, nórdico, celta, druida, romano) revestidas de sentido cristão. O Concílio Vaticano II apelou à razão histórica para distinguir a dimensão histórica da mítica. Desencantar de um lado, conciliar fé e razão de outro. Santos foram aposentados. Cultuam-se ainda alguns, como São Cristóvão: diante de um rio largo e fundo, e de um menino que queria atravessá-lo, diz-se que o enorme homem trouxe-o ao ombro e meteu-se no rio. Parecia, porém, carregar o mundo. O popular santo guarda semelhança com Atlas, titã da mitologia grega, que sustentava o céu sob suas costas.

A relação da Igreja com as ciências e a razão é ambígua: ora ela regulava, ora incentivava (ao fundar universidades), ora reprimia, ora bebia da tradição greco-romana que, em partes fundamentais, chegou à Europa por mãos islâmicas. Com Tomás de Aquino (1225-1274), santo, teólogo e filósofo, a razão é importante, embora complementar ou auxiliadora do ato da fé. A ideia de milagre exige a participação da ciência para verificar a insuficiência explicativa. Para a teologia dogmática, se entrevê, aí, a intervenção divina. Fé e razão embalam o cristianismo como um bambolê, mas aquilo a que se dá o nome de fé e aquilo a que se dá o nome de razão não são exatamente as mesmas coisas o tempo todo.

O geocentrismo – Planeta Terra como centro do Universo/Sistema Solar – foi posto por Cláudio Ptolomeu (90-168) e estava em sintonia com a ordem social feudal-estamental, hierática, estável, teocêntrica. Foi adotada pela Igreja. Mas Erastóstenes (276-194 A.E.C.), matemático, poeta e geógrafo líbio-africano, a partir da diferença na posição da sombra projetada em Alexandria e Assuã (cidades egípcias) no mesmo dia e hora, usou lógica e geometria para demonstrar a circularidade da terra, calculando seu diâmetro aproximado. Essa ideia não se tornou um sistema intelectual dominante e não foi adotada pela Igreja.

A tese heliocêntrica – Sol como centro – destronou a anterior. Galileu Galilei (1564-1642), matemático, filósofo e cientista italiano, desenvolveu novos métodos, aproveitou ideias de astrônomos e matemáticos, como Nicolau Copérnico (1473-1543), e provou a nova tese. Foi processado, exilado e forçado a negar essa tese pelo Tribunal do Santo Ofício (Inquisição), que vigeu entre os séculos XII e XVIII. Isaac Newton (1643-1727) acreditava numa teologia natural e pretendia descobrir as leis da natureza; fez ciência rigorosa, fundamentou a física moderna clássica. Não havia, para eles, oposição entre ciência e fé, mas entre ciência e dogmatismo clerical-teológico. Muitos cientistas escritores, apesar de afrontarem a Igreja, cultivavam religião natural. Não eram, segundo Onfray (2014), ateus em sentido estrito-moderno. Prefiro dizer que não eram ateus do tipo identitário-militante.

Na população camponesa, não letrada, pobre, havia uma religião não institucional, mistura com antigas religiões – celta, romana, nórdica, cristã. Carlo Ginzburg, nos livros *O queijo e os vermes* e *Os andarilhos do bem*, mostra os processos culturais e a circulação de ideias, pessoas, segmentos sociais (camponeses iletrados e nobres, clérigos e burgueses letrados), crenças religiosas e não religiosas. Considere a distinção entre religião institucional/clerical, regrada/burocrático-dogmática e as religiões populares, fluidas, sincréticas, não institucionais-burocráticas. Nelas, havia deboche, ardor missionário, sacrifício, êxtase, desprezo a Deus, santos, rituais. Havia esoterismo e alquimia que relativizavam dogmas/hierarquias cristãs e que traziam à tona fontes gnósticas, com variações metafísicas gregas, traços orientais e africanos (egípcios). Os desdobramentos eram ambíguos: novas formas místicas e secularização de ideias religiosas.

Giovanni Boccaccio (1313-1375) escreveu *O decameron* durante a Peste Negra. Os contos eróticos-sarcásticos punham nus artesãos, ferreiros, soldados, monges, abades, abadessas, padres, comerciantes, todos em situações hilárias, tragicômicas. Se esse texto não é expressão do ateísmo, pode-se dizer que é uma literatura secularizadora. Provavelmente eram literatura oral e foram adaptados pelo escritor da Toscana/Itália. Dissolve-se a reverência ao sagrado. Introduz-se o riso, a gargalhada. Talvez essa seja uma das raízes da modernidade cultural secularizada.

A Peste Negra (1348-1353), assim chamada por causa dos pontos escuros na pele dos doentes, foi efeito não intencional do renascimento comercial entre Ásia (China) e Europa. Ela matou quase um terço da população europeia. Ratos em porões de navios mercantes trouxeram pulgas contaminadas. A mortalidade era atribuída ao anticristo, como castigo divino, ou à conspiração judia, negadora de Deus (Jesus), ateia. A cruel lógica do bode expiatório é acionada em crises graves, conflitos e medos coletivos. Houve mais pestes, mas, se havia reza, penitência e massacres, houve razão, ciência. Alexandre VII, papa do século XVII, intelectual, amante de arquitetura e arte, formado em filosofia/teologia, promoveu medidas sanitárias similares ao *lockdown* feito quando a covid-19 eclodiu entre 2020 e 2021. A relação razão, arte, fé, papado, igrejas e cristianismo é complexa, oposta aos maniqueísmos redutores.

Movimentos de guerra e horror – como as cruzadas – e movimentos pacifistas e de amor – por exemplo, as ordens mendicantes, como a de São Francisco (1182-1226) – traçam entre os séculos IX e XIV um paradoxo. Uma extensa doutrina (cristianismo), duas expressões opostas. Questões históricas, sociais e econômicas vividas na época e seus rebatimentos dentro da Cristandade explicam isso, em parte. O nominalismo medieval, etiqueta que abriga largo conjunto de doutrinas e nomes – Roscelino (1010-1120), Pedro Abelardo (1097-1142) e Guilherme de Ockham (1285-1349) –, criticou platonismo, realismo, ontologia e universais abstratos. O abstrato-universal existe mais como nome, expressão linguístico-gramatical, do que realidade ontológico-natural. Se num primeiro momento essa corrente de ideias veio com religião, com teólogos, em outro, a longo prazo, ela se secularizou e afetou teologia, cultura, filosofia, ciências e cultura laico-secular moderna e contemporânea.

Pelos documentos da Inquisição e outras fontes, sabe-se que agiotas, banqueiros, mercadores e camponeses podiam ser acusados de incredulidade, impiedade. Com essa pecha, minorias judaicas sofriam exclusão e assassinato (*pogroms*)[3], como entre 1189-1190 e 1195-1196, na Inglaterra, França e Germânia. Os locais da blasfêmia eram importantes: tavernas, navios, guerras, revoltas, casas de prostituição. Esses espaços de livre-manifestação da raiva, do deboche e do desdém eram mais masculinos, embora houvesse blasfemadoras. Ouviam-se, então, recheados com gargalhadas e cerveja, insultos contra Deus, Virgem, santos, Bíblia, Igreja, Sacramentos. Mas a Inquisição tinha ouvidos por toda parte. E quem dava com a língua nos dentes podia ser parente, vizinho, desafeto. Carlo Ginzburg e outros mostram como esse tribunal violento foi uma máquina de produzir e matar loucos "ateus", hereges teimosos; e corrigir, pela violência, descrentes e céticos. Prenderam até ilustres santos católicos. Seus longos dedos alcançaram o Trópico dos Pecados (Brasil), embora não apertassem tanto quanto apertaram na Europa. Pela ótica dessa complexa engrenagem, o diabo podia esconder-se em qualquer lugar. Talvez vir à noite como súcubo ou íncubo[4]. Um sem-número de mulheres rai-

---

3. Palavra russa que significa destruição, dano. As causas dos *pogroms* são muitas e complexas, mas, em parte, envolviam essas acusações, ainda mais com a ideia errada de que os judeus teriam matado Deus (Jesus).

4. Na mistura de tradições orientais da Mesopotâmia, pagãs (celta, etrusca, nórdica) e cristãs, eram demônios que assumiam ou a forma de mulheres ou a de homens para levar ao pecado do prazer descontrolado, a luxúria.

zeiras, parteiras e benzedeiras foram acusadas de antirreligião, impiedade e ateísmo. Foram mortas enforcadas ou queimadas. Religião boa era somente a da Igreja, e tinha que ser do jeito que os juízes do Tribunal diziam que era para ser. O resto era pecado, tabu, proibido, embora houvesse vaivém entre devoções populares e cânone eclesiástico. Bruxaria, magia, sodomia[5] eram antirreligião, coisa de ateus, gente sem Deus. Rituais como Sabbah/Missa Negra, que mistura mito e história, irromperam no imaginário medieval. Embora raros, há casos de mulheres que, após se tornarem monjas da Igreja, mantinham práticas/ideias à beira da heresia, como a monja Hildegard von Bingen (1098-1179), que fazia medicina popular, música, pintava/desenhava, escrevia, tinha visões e ouvia vozes atribuídas ao divino.

O ressentimento contra os padres/monges por parte das populações era um lócus de antirreligião. A intensa frustração pela vida ruim voltava-se contra eles. Afinal, propalavam que eram os únicos responsáveis pelo maior milagre do mundo: o da transubstanciação. Diariamente, pão e vinho viravam corpo e sangue de Jesus. Mas a vida cheia de peste, fome e sofrimento não mudava para melhor. A crença religiosa nesse milagre era difícil, árdua. Mas, ao mesmo tempo, não era, pois grassava lado a lado com mitos de sereias, unicórnios, bandos noturnos fantasmagóricos, mago Merlin, papisa

---

5. Eram assim chamadas as vivências homoafetivas, referindo-se ao nome bíblico da cidade de Sodoma.

Joana, monstros. Usava-se a hóstia santa como amuleto, para proteger do mal, e talismã, para atrair boa sorte. Do lado da Igreja, tentava-se recuperar a frase de Agostinho: *credo quia absurdum* [creio por ser absurdo]. Muitos se tornaram hereges. Perseguidos e mortos, queimados ou enforcados, alguns criaram importantes expressões religiosas/igrejas, como o ex-monge Martinho Lutero (1483-1546), que fundou a Igreja Luterana, um dos símbolos da Reforma Protestante.

Alguns negam a existência desse fenômeno além das trocas de acusações de descrença, impiedade e ateísmo, frequentes entre nobres, Igreja e governantes, mas outros falam em sentimentos difusos de incredulidade e ateus esotéricos (Renascença). Na Renascença/Era Moderna, os sinais de não crença religiosa e ateísmo prático eram mais visíveis e deixaram marcas inapagáveis na literatura, como na fala das personagens da peça de Nicolau Maquiavel (1469-1527), *A mandrágora* (1518), considerada a primeira comédia moderna. Ele escreveu *Discursos sobre a primeira década de Tito Lívio* (1513-1521) e *O príncipe* (1532). Com esse diplomata, filósofo e historiador, a narrativa sobre a política mudou. A cidade, sua justiça e o poder devem ser assumidos pelos humanos em seus conflitos e interesses. Ideias metafísicas não servem mais como normas da ação política. Ocorre a secularização e dessacralização da política.

Marsilio Ficino (1433-1499), de Florença, traz neoplatonismo, hermetismo e esoterismo, e relança a ideia de *communisomnium gentium religio*, religião natural/religião enquanto instinto, presente nos humanos como caçar e comer, mas diferente de igreja, clero e dogma. Essa ideia vingou e alimentou o deus dos filósofos, oposto ao deus dos burocratas eclesiásticos. Depois, vieram os humanistas cívicos florentinos.

A astúcia da razão permitiu um interessante jogo simbólico. Deus passa a ser uma figura poético-literária. Em textos antigos, renascentistas e modernos, havia invocação a deuses ou Deus, até no livro de Darwin. Isso é uma força de expressão, não era profissão de fé. Tendências/influências greco-romanas (platônica, aristotélica, neoplatônica) são reconfiguradas e se juntam a poderosas transformações sociais e econômicas. Retomam-se clássicos da Antiguidade em artes, filosofia, política, ciências, matemática e medicina, via cultura moura-árabe-muçulmana, com Abu Ibn Rushd ou Averróis (1126-1198) e outros. Grassaram versões de clássicos gregos feitas por cristãos nestorianos, jacobitas e melquitas, que, fugidos de perseguição religiosa cristã, foram para a Mesopotâmia a partir do século V. O movimento é complexo: recupera-se e ressignifica-se. O processo levou tempo; escritos dos filósofos gregos, como Aristóteles e Platão, emergiram pouco a pouco. Depois, eles foram buscados diretamente na fonte grega.

Entre o século XIV e o XVI, floresceu uma das correntes mais próximas do ateísmo, o humanismo secular. Nomes como Erasmo de Roterdã (1466-1536), com a obra *O elogio da loucura*, belo texto de crítica da religião; com Giovanni Pico della Mirandola (1463-1496) e sua obra *A dignidade do homem*. Sem falar nas ironias antirreligiosas e na fineza das obras de Francesco Petrarca (1304-1374) e François Rabelais (1494-1553) – este último que, com sua obra *Gargântua e Pantagruel*, satiriza a religião dogmática. Não chega a ser algo à frente do seu tempo, ateu ou ateísmo, como Febvre (2009) bem analisou. O movimento humanista secular é recriado: o homem é capaz de, pela razão, guiar a si próprio na liberdade, sem tutela divina. Do teocentrismo ao antropocentrismo, do sagrado ao laico, o humanismo secular continuou nos séculos XIX, XX e XXI, e frutificou na Inglaterra, na Índia e nos Estados Unidos.

1.4 Mundo moderno

O mundo moderno do século XVI é ruptura e releitura do mundo antigo, medieval e renascentista: surgem o capitalismo mercantil, o Estado-nação, o mercado como instituição (diferente do mercado antigo/medieval), as grandes navegações, a colonização das Américas, a urbanização, as guerras religiosas (católicos/protestantes), as ciências naturais modernas e suas poderosas explicações convincentes e eficazes, bem como novas filosofias da ciência, como a de Francis Bacon (1561-1626). Um dos textos desse filósofo inglês (*Novum Organum*) critica os ídolos – de tribo, caverna, foro ou teatro – e defende a submissão da natureza e dos sentidos humanos ao exame científico. A ciência torna-se desencantada e desencantadora. Seus métodos prescindem da mágico, do dogma religioso e do sentimento místico.

Do ponto de vista histórico-social, importam as Reformas Protestantes: Luterana (1521), de Martinho Lutero (1483-1546), acusado de ser ateu pelos jesuítas; e a revolta Camponesa-Anabatista (1530), do teólogo protestante Thomas Müntzer (1490-1525). Os conflitos armados eclodiram por mais de 150 anos. A Guerra dos Trinta Anos, conflito entre católicos e protestantes, redundou num importante tratado político, a Paz de Westfália (1648), germe da ideia de liberdade de crença/pensamento, estabelecendo que ninguém poderia ser morto, perseguido ou torturado em virtude de manifestar confissão religiosa. Uma vez estabelecido o princípio, ocorreu a extensão lógica, histórica e jurídica aos laicos, ateus e agnósticos. A secularização e a laicidade cresceram. Aquela significou o enfraquecimento da narrativa do sagrado na sociedade/cultura e nas consciências individuais. Nesta, o Estado abdica de ter doutrina religiosa oficial, despe-se da narrativa sagrada, não favorece/persegue religiões/não religiões, separa o público (educação, leis, instituições republicanas), que é laico, do que é religioso, âmbito do privado/pessoal, e regula as relações entre religião e política.

Max Weber (2006) analisou o impacto das religiões mundiais, de massas, com mensagens voltadas para o universal (não para o étnico): confucionismo, taoismo/ daoismo, cristianismo, islamismo, budismo. O judaísmo, caso à parte, é matriz dos monoteísmos hegemônicos. Essas religiões nasceram em determinadas regiões e contextos, mas se expandiram em muitas direções. O sociólogo alemão analisou o processo de desenvolvimento das imagens racionais do mundo que começaram a vigorar dentro dessas religiões. A racionalidade é a relação entre meios e fins de uma ação em termos instrumentais-técnicos ou valorativos. A relação com valores é mais comum entre religiões da ética comportamental-processual. No mundo moderno, a secularização fez a ação racional instrumental predominar.

Havia religiões mais afeitas ao ascético: a pessoa é instrumento do divino que intervém no mundo, segundo a palavra da divindade. Havia religiões mais ligadas ao místico: a pessoa é vaso ou receptáculo do divino (desejo de união com a divindade). Houve um movimento de separação entre o pensamento racional-técnico-instrumental e as ideias religiosas cristãs, no caso do mundo ocidental moderno. A obra clássica de

Weber, *A ética protestante e o "espírito" do capitalismo*, mostra esse processo. Com as religiões racionalizadoras, ascéticas, veio o desencantamento do mundo, cuja origem está no mundo ocidental judaico-cristão. Desencantamento significa recuo da magia e da religião, esvaziamento social de crenças/práticas mágico-religiosas (Pierucci, 2013). Foi na rabeira da religião judaico-cristã que vieram a secularização, o desencantamento e a laicidade (Berger, 1989). Nesse sentido, Marcel Gauchet (2005) criticou a invenção do Deus Uno e analisou seu apogeu e sua morte. O cristianismo é a religião da saída da religião.

As formações laico-seculares não são exclusivas do mundo ocidental moderno. Asad (2003) nos fala delas em outras culturas e povos, e afirma a impossibilidade de um conceito universal-absoluto de religião e de não religião. As culturas e sociedades têm maneiras de definir o que é do domínio do secular, laico, e o que é do domínio do espiritual ou religioso. O mundo ocidental moderno, quando construiu a diferença e separação entre religião e não religião, estabeleceu mediações e filtros.

O ateísmo, em certo sentido, é fruto das transformações que geraram o mundo moderno. Mas o sentido negativo de ateísmo vigora em países com hegemonia religiosa reacionária/ultraconservadora (cristianismo, islamismo, outros). Vive-se, por diversos motivos, uma maré de reacionarismo religioso.

1.5 Iluminismo, materialismo e ateísmo

Os séculos XVII e XVIII foram épocas de mudanças, guerras de religião, disputas teológicas acirradas, novas formações socioeconômicas, absolutismos, lutas pela liberdade e revoluções (a Inglesa, que em 1649 decapitou um rei; a Americana, em 1776; a Francesa, em 1789, a Primeira Revolução Industrial, entre 1770 e 1850). Formaram-se novas bases da vida social e política, novas ideias (vida civil diversa da religiosa), práticas e instituições, como o republicanismo e os três poderes – executivo, legislativo, judiciário –, seguindo a proposta de Montesquieu (1689-1755). Vieram críticas contundentes ao clero, à religião, à Igreja, ao dogmatismo teológico. Demoliram-se as pretensões da religião institucional – Igreja cristã – de dar a palavra final na ciência e na vida pública, social, científica, cultural e sexual.

Pierre Bayle (1647-1706), historiador e filósofo francês, propôs em *Pensées diverses sur la comète* (1680) uma incomum conjectura: uma sociedade de ateus. Essa e outras proposições configuram as experiências do pensamento, um laboratório da razão para experimentar hipóteses. Com isso, pôs-se em xeque a relação entre política e religião, que rendeu hospitais, arte sacra, caridade, mas também mortes, guerras e fanatismos.

Baruch Spinoza (1632-1677), filosofo holandês perseguido pelo judaísmo, catolicismo e protestantismo, criou uma poderosa filosofia panenteísta, quase um panteísmo: Deus (impessoal, impassível, determinado, necessário, imanente ao mundo) é a Natureza, e esta é a totalidade das coisas que nele existem. Ele nega a transcendência, propõe a imanência e a unidade matéria/espírito/mundo (monismo). O Deus dos filósofos é distinto do Deus dos dogmáticos, do Deus dos místicos, do Deus dos miseráveis.

David Hume (1711-1776), filósofo escocês, demoliu a pretensão metafísica da verdade, estabeleceu os limites do raciocínio indutivo-empírico e escreveu um dos primeiros tratados sobre a religião, *História natural da religião* (1757) e *Diálogos sobre a religião natural* (1779). Nessas obras, abre-se a possibilidade de uma história das religiões sem pressupostos teológicos ou sagrados. As religiões originam-se das paixões humanas básicas, dos instintos naturais (medo, esperança). Inquire-se sobre origens, causas do fenômeno da religião, efeitos sobre a vida, moral e conduta humanas, variações cíclicas entre politeísmo e monoteísmo, efeitos, muitas vezes negativos, das diferentes espécies de religião sobre a tolerância e a moralidade. O monoteísmo poderia trazer violência absoluta contra outras fés, ao contrário do politeísmo, que tende a absorver fés, amoldando-as, com algum conflito.

É fundamental, no século XVIII, a ideia kantiana de despertar do sono dogmático, da busca da própria autonomia e do caminhar pela própria razão, da renovada busca de explicação causal racional-natural para os fenômenos da vida, do cosmo, da natureza (na física e na química, por exemplo). No Iluminismo, intenso movimento cultural com Immanuel Kant (1724-1804) à frente, a metafísica antiga – a ideia de Deus – é criticada. Ela não tem realidade empírica, mas um papel lógico no âmbito da razão prática. Ideias como alma não têm como ser provadas ou contestadas pela razão empírica. Não temos acesso à natureza própria e última do real, crítica que pode ser dirigida ao cientificismo/ positivismo dogmáticos. O livro *A religião nos limites da simples razão*, de Kant, reúne reflexões sobre os limites racionais dos dogmas cristãos. Os debates sobre as provas da existência de Deus se tornam distintos das provas medievais. Santo Anselmo (1033-1109) e Santo Abelardo, teólogos/filósofos, produziram poderosos construtos das provas ontológicas da existência de Deus, que passaram a ser vistos como modelos de raciocínio lógico, e não provas concretas e cabais.

Ciências e novos métodos se tornaram instrumentos para questionar a suposta existência empírica de Deus, alma, pecado. O naturalismo categórico pôs um problema em pauta: o mundo observado e seu aparente desenho pode ser o produto de causas pouco inteligentes, que não remetem a Deus/inteligência superior eterna. Os debates mobilizaram grupos divergentes de ateus em Paris, Berlim, Londres, Florença e Amsterdã. A relação entre ceticismo filosófico – vindo da Grécia e de Roma – e o pensamento ateísta mostrou caminhos complexos.

No Iluminismo francês, floresceu o pensamento ateísta, com Denis Diderot (1713-1784), o Barão de Holbach (1723-1789) e o Marquês de Sade (1740-1814). Este defende entregar-se aos prazeres e renunciar à religião/crença, considerada inútil. Alma e corpo são idênticas substâncias: não se vive independente da matéria. A natureza humana inclina-se ao mal. Seus textos diretos, com diálogos, descrições, contém palavras que remetem ao sexo, seus órgãos e suas práticas prosaicas e cruéis. A obra desse filósofo libertino intitulada *Diálogo entre um padre e um moribundo e outras diatribes e blasfêmias* remete ao seu ateísmo radical. A coletânea de textos *A filosofia na alcova* satiriza a religião e defende que boas leis e educação moral não religiosas bastam para a sociedade e os seres humanos. Leis devem ser suaves, pois numa sociedade onde há liberdade e igualdade quase tudo é permitido. Por isso, blasfemar não é crime: não se ofende uma ilusão, pois ela inexiste.

As ideias do Segundo Materialismo Filosófico giram em torno da constituição material da vida, do homem, do mundo, da natureza, dos sentidos e de sua experimentação. O libertino, radical, sem temor do inferno, de Deus ou da Igreja, emerge em contraposto ao hedonista clássico. Admite-se a existência da matéria como fundamento da alma. Em Holbach, ela é considerada eterna/incriada, composta de átomos que atuam direta e indiretamente sobre órgãos dos sentidos. O choque entre partículas produz movimento. A alma, ou consciência, é manifestação da matéria organizada de maneira singular. A religião é vista como resultante da ignorância e da superstição. Teologia e crenças religiosas seriam projeções humanas, nascidas de ignorância/mistificação de seus beneficiários, como a Igreja. Holbach, ao escrever *O cristianismo posto a nu* (1761), defende essas ideias com tons liberais, materialistas, e critica a instituição religiosa. Apesar de a caridade cristã ser fundamental, Holbach ironiza: nunca se matou tanto quanto em nome de Deus. Por essa época, sentia-se necessidade de destruir o feudalismo e o Antigo Regime, mas havia divergência entre ateus burgueses e aristocratas, e os de outras correntes mais populares à esquerda. Ambas desejavam promover emancipação da humanidade contra tiranias feudais e eclesiásticas.

1.6 Século XIX: ciência e religião

Importante para a constituição da laicidade e do comportamento secular, veio a relativização do sagrado – a Bíblia é literatura –, resultante de contatos com culturas orientais e tradições religiosas escritas, redescobertas e descobertas de antigas civilizações. Isso se torna comum na passagem do século XVII ao XIX. Descobre-se que a religião cristã é uma dentre outras na história da humanidade. Novos métodos de interpretação e investigação (linguística, arqueologia, história) secularizam os textos sagrados cristãos. Não são mais a verdade revelada, mas literatura passível de investigação crítica. A literatura sagrada de povos e civilizações antigas – Egito, Américas, Índia –, bem como suas vastas tradições e vertentes, são vistas pela perspectiva secular.

A antropologia, com a etnografia, encara a cultura dos povos originários (mitos, lendas, rituais) sob ótica laica, compreendendo essas formações culturais-religiosas e trazendo à baila o etnocentrismo. Relativizou-se a cultura europeia: uma entre outras. Dentro desta, muitas culturas, línguas e etnias borbulhavam nos campos, nas periferias e nas cidades. Os estudos de Bronislaw Malinowski, Franz Boas, Arnold van Gennep, Marcel Mauss Émile Durkheim abriram novas sendas para compreender o religioso, a religião em mundos não ocidentais e a do próprio Ocidente sob luzes não teológicas.

Surge o capitalismo industrial. A Europa lança-se no colonialismo mais violento sobre a África, Ásia, Oceania. As narrativas de Georg Wilhelm Friedrich Hegel (1770-1830) e de Karl Marx sobre a filosofia da história e da sociedade retornam. Todos os fenômenos e realidades trazem consigo contradições. A dialética é uma forma de entender as transformações como um todo, distinta da ótica positivista-conservadora. Qualquer movimento ou fenômeno histórico-social, produz ambiguidades, efeitos inesperados, intencionais e não intencionais, ruins e bons. As relações sociais se convulsionam. Velhas ordens se desfazem. Classes sociais tomam formato. A economia de mercado capitalista impera. O ateísmo marxista é sofisticado, tem distintas vertentes. Mas Karl Marx não se dedicou a análises extensas da religião. Ele considerava que a crítica da religião estava feita. Em seus textos, ideias interessantes saltam à vista. No texto *Crítica da filosofia do direito de Hegel* (1843) surge a famosa frase: "O sofrimento religioso é [...] a expressão do sofrimento real e um protesto contra o sofrimento real. A religião é o suspiro da criatura oprimida, o coração de um mundo sem coração e a alma de um mundo sem alma. *É o ópio do povo*". (Marx, 2010, p. 20, grifo meu). Note-se: expressão do sofrimento e protesto contra este.

A crítica da religião espalha-se por vários textos, como *Manuscritos econômicos e filosóficos* de 1844 (seção: *Propriedade privada e comunismo*). No livro *A ideologia alemã* (1845), Karl Marx e Friedrich Engels (1820-1895) manejaram palavras oriundas do mundo religioso (trocadilhos) e abordaram aspectos histórico-filosóficos de uma vasta gama de doutrinas, pensadores, políticos e líderes, germânicos em especial. Um livro cheio de ironias brilhantes, uma crítica arguta da suposta sacralidade da economia burguesa.

Um dos mais originais ateísmos filosóficos é de Arhur Schopenhauer (1788-1860). Mas, ante a religião, ele tinha ambivalências. Recebeu influência de filosofias budistas e escreveu obras com heranças díspares: *O mundo como vontade e representação* (1818/1844), *As dores do mundo* (1850) e outras. Seus herdeiros dividem-se em ateus e místicos. Para este filósofo, a literalidade dos dogmas cristãos e seu vínculo com o eterno inferno é um absurdo. Ele critica o teísmo e a servidão do conhecimento ao dogma religioso.

Expandem-se educação pública, universidades, livros, escritores, imprensa laica e comercial, ciências, pesquisas, laboratórios, mas de forma desigual pelo mundo. Ascende a Segunda Revolução Industrial. Nasce o capitalismo financeiro-especulativo e, com ele, as crises capitalistas que abalam o mundo. O Estado se laiciza, apesar da luta contrária das Igrejas para manter privilégios e dogmatismos. Cria-se mais espaço para o ateísmo. Novas formas de transporte e comunicação nascem, e ocorre a expansão do capital enquanto relação social em movimento que transforma valor de uso em valor de troca. Imperialismo e colonialismo estão em alta. Secularização e laicidade são impulsionadas, não ficam restritas, se espalham pelo mundo. Ampliam-se lutas operárias – anarquistas, socialistas, comunistas – nas Américas, na Europa, na África e na Ásia, trazendo críticas à religião e ao clero, bem como a defesa da laicidade, o que se efetiva em greves, jornais e revistas entre meados do século XIX e meados do XX. As grandes cidades, o mundo urbano agitado e diverso e seus meios de comunicação tornam-se um paraíso para ateus e o agnosticismo, embora muitos vivessem o inferno da exploração abusiva do trabalho pelo capital, que ainda continua em nosso mundo contemporâneo sob novas formas.

Tendências teológicas se cristalizam no (a)teísmo: Deus é ser pessoal, perfeito (poder, conhecimento, extensão); é criador do mundo/vida/ser humano do nada (*Ex nihilo*), e revelou a verdade no texto sagrado, inerrante, literal. A autoridade religiosa do papa ou da Bíblia é inquestionável. Deus manifesta-se separado do mundo, a quem se deve culto e estrita obediência. Contra essas características se ergueu o ateísmo do século XIX. Há embates entre a religião institucional, ciências/cientistas e ateus militantes, mas há também tentativas de conciliar carreira científica e fé, posta no âmbito da vida privada, abrigada no direito à liberdade de crença. Talvez um dos maiores símbolos desse momento seja Charles Darwin (1809-1882). Quando esse cientista/naturalista britânico escreveu *A origem das espécies* (1859), *A origem do homem e a seleção sexual* (1871) e o pouco citado *A expressão das emoções no homem e nos animais* (1872), criou uma poderosa narrativa, coesa, lógica, explicativa, empiricamente sustentável, da forma como a vida, as espécies animais e humana nasceram, transformaram-se e vieram a ser o que são. Junto com as mudanças sociais-econômicas-urbanas em curso, produziu-se uma enorme ruptura com as tradicionais formas de pensar.

O crescimento do movimento secular na Inglaterra, então locomotiva do capitalismo, animou embates entre ciência e Igreja. Diferentes vertentes do pensamento ateu/agnóstico foram galvanizadas por uma sucessão de líderes e movimentos (anticlericalismo, direitos das mulheres). Essa luta espalhou-se: Estados Unidos, Brasil, México, Argentina, Uruguai, África, Ásia. A ficção científica como gênero literário-artístico emergiu, trouxe novas imaginações e interrogações sem religião, Igreja, Deus. Mais que Júlio Verne (1828-1905), a referência é Mary Shelley (1797-1851), com seu romance *Frankenstein ou o Prometeu moderno*, publicado em 1818.

Emerge o Terceiro Materialismo trazido por ideias marxistas e, também, socialistas e anarquistas, com Pierre-Joseph Proudhon (1809-1865), Mikhail Bakunin (1814-1876) e Max Stirner (1806-1856). Em relação ao Primeiro e Segundo materialismos, o moderno materialismo pensa a vida humana, a natureza, a matéria, no horizonte das histórias, da dialética, das relações sociais e econômicas, dentro de vasto quadro teórico, dissolvendo a ideia de que exista algo fora da história. Deus, sagrado, Igreja, clero são nomes de realidades projetivas, narrativas postas sobre outras, mas cujo fundamento está na terra, entre os seres humanos e suas relações de produção, suas histórias e conflitos de classe social. O socialismo não marxista tentou recuperar, de forma laica e romântica, ideais cristãos de igualdade social.

Há uma constelação de movimentos, grupos e pensadores que percebem que a cultura moderna perdeu o lastro metafísico, a ideia de significado último. Charles Darwin, Friedrich Nietzsche (1844-1900), Karl Marx, Sigmund Freud (1856-1939), Emma Goldman (1869-1940) desferiram críticas contra algumas idealizações/abstrações: Deus, sagrado, divindade, indivíduo, subjetividade (eu) moderna, moral, capitalismo, alma. Elas não são naturais, são frutos de forças da psiquê e linguagem, biossociais, econômico-políticas, humanas, cósmico-corporais. O positivismo defendeu a ideia de progresso, de evolução. De uma época de trevas para uma época científica, conhecer para prever e prover era um lema fundamental.

Cabem referências às mulheres ateístas, agnósticas e humanistas, como Ernestine Rose (1810-1892). Nascida na Polônia, cruzou a Europa, emigrou para os Estados Unidos com seu esposo William Rose. Ambos lutaram por ideais humanistas-sociais ateus. Feminista, escritora, ela militou por reformas sociais e rejeição da religião. Dela é a frase: *"Emancipation from every kind of bondage is my principle. I go for the recognition of human rights, without distinction of sect, party, sex, or colour*"[6]. (Emancipar de todo tipo de prisão é meu princípio. Eu luto pelo reconhecimento dos direitos humanos sem distinção de seita, partido, sexo ou cor.) Esse ateísmo liga-se ao contexto da luta pelos direitos dos humanos no século XIX: direito das mulheres, das crianças, luta contra a miséria, a fome, o trabalho servil. As sufragistas lutavam pelo direito da mulher ao voto, contra o conservadorismo igrejeiro-cristão que justificava injustiça social, restringia direitos das minorias. Há muitas mulheres no ateísmo: filósofas, cientistas, sociólogas, antropólogas, biólogas, escritoras, pensadoras, líderes sindicais, estudantis, operárias, camponesas, religiosas.

Nascem divergências entre correntes e ideias ateístas-materialistas: seria a religião apenas uma forma conservadora, reacionária, produto de alienação e opressão, produtora de alienação e opressão, ou haveria maneira de a religião ser força de transformação social mais igualitária e justa? Houve ressignificações, como a de Engels e sua leitura do cristianismo primitivo e das revoltas anabatistas germânicas do século XVI (Thomas Münzer). E a de Gramsci, que fez análises da religião popular: há muita religião dentro da religião católica, pois as classes sociais influenciam a forma religiosa. Faz-se a distinção entre religião e Igreja, dentre outras. Essas correntes menos rígidas embasarão o encontro, a

---

6. Frase proferida no discurso do aniversário de emancipação da Índia Ocidental, em 4 de agosto de 1852.

partir de meados do século XX, entre marxismos e teologia da libertação, protestante e católica. Fé religiosa e luta política não são opostas, como algumas correntes anarquistas, estalinistas, leninistas ou maoistas propunham. Estas últimas, ironia da história, produziram formas de religião secular: culto a Joseph Stalin (1878-1963), a Mao Tsé-Tung (1893-1976); estruturas rituais rígidas, autoritário-dogmáticas; veneração. Poderosas correntes políticas (socialismo, comunismo, anarquismo) científico-filosóficas (positivismo, historicismo, marxismo, hegelianismo) abalaram a religião instituída, as igrejas e seu poder.

Houve correntes ateias conservadoras e reacionárias, bem como outras libertárias à direita, que sacralizaram acriticamente a ciência, desdenharam da igualdade/justiça social, louvaram o capitalismo e a liberdade individual absoluta (não existia sociedade, apenas indivíduo e famílias). As críticas foram feitas de variadas maneiras: hostilidade, combate elegante, militância pacífica. Não foi um movimento restrito à Europa. O mundo planetariza-se desde meados do século XVI. A liberdade de investigar ou manifestar pensamentos ou crenças, cultos de qualquer espécie, está ligada à combinação histórica entre estado laico/secular, república e democracia (modelo representativo-liberal e participativo-social), urbanização, modernização, escolaridade, melhoria da saúde, tecnologia e ciências.

1.7 Século XX: novo milênio e neoateísmo

Os movimentos do século XIX reverberam, mas se transformam. A eles somam-se novas configurações sociais, econômico-políticas, filosóficas, culturais, tecnológicas e científicas. A imagem atômica da matéria/natureza (elétrons, nêutrons, prótons e partículas ainda menores) foi confirmada nos finais do século XIX e começo do XX. Novas vias teóricas são abertas: Teoria da Relatividade (Einstein) e Física Quântica – não a das apropriações equivocadas feita por *influencers* digitais.

Após a clonagem da Ovelha Dolly (1996) e o ataque terrorista às Torres Gêmeas em Nova York (2001), uma onda de autores e livros defende a visão ateísta com ímpeto. Eles são agrupados sob o rótulo de neoateísmo, questionado por alguns. Entre as obras dessa vertente, citam-se três delas, lançadas em inglês em 2004 e 2006: *A morte da fé: religião, terror e o futuro da razão*, de Sam Harris; *Deus, um delírio*, de Richard Dawkins; e *Quebrando o encanto: a religião como fenômeno natural*, de Daniel Dennett. Por último, em 2009, *Deus não é grande: como a religião envenena tudo*, de Christopher Hitchens (jornalista/polemista ateu). Alguns ironizam essas obras, chamando-as os "evangelhos sinóticos do ateísmo".

Os novos ateístas retomam ideias anteriores vindas do mundo grego e de filósofos franceses, biólogos, filósofos iluministas. Seus autores são bem distintos: matemáticos, filósofos, biólogos e jornalistas, alguns afeitos a polêmicas. Eles tentam explicar a religião e Deus em termos de instintos ou paixões (medo, esperança), bioquímica cerebral e genes, maldade, desamparo natural ou ilusão perigosa. Hitchens afirma, em *Deus não é grande*: "Deus não criou o homem à sua própria imagem, foi o contrário". A religião seria veneno; e Deus, uma ideia delirante. A falha desses argumentos, ainda que tentem trazer dados empíricos, é dar à religião uma ontologia que ela não tem, e não entender que ela pode ser narrada e vivida com/como linguagem metafórico-poética, moral-ética. A ideia de ciência que emana desses livros tende a ser positivista-dogmática, parecida com a forma como dogmas cristãos (pecado original, infalibilidade papal, inerrância bíblica) são narrados nas teologias sisudas e reacionárias.

O neoateísmo traz, de novo, para a ciência, a narrativa fundacionista (suposto fundamento último da realidade) e a dogmática (supostamente, só há um caminho verdadeiro para narrar o real), que mais dificulta do que esclarece, mais coloca fim na conversa do que a mantém aberta e animada. Ciência e religião podem ser objeto de críticas. Nelas pode haver dogmatismo, fechamento, pouca conversa generosa sobre a vida, o ser humano e seus problemas (desigualdades, destruição da natureza, injustiça social, tributária e ambiental). Mas também pode haver o contrário de tudo isso.

Segunda lição

Doutrinas e ensinamentos

No Ocidente, o ateísmo pode ser entendido como a doutrina ou o sistema de ideias sobre a inexistência ou inutilidade de Deus/divindades. Com Asad (2003), pode-se dizer que há secularismos ocidentais e não ocidentais. As religiões produziriam sentidos específicos de não religião. Mas necessita-se diferenciar, em termos históricos-sociais-antropológicos e conceituais-filosóficos, religião objetiva e subjetiva, religião moderna e antiga, ateísmo confessado e ateísmo prático, antigo e moderno, ateísmo positivo-ingênuo e ateísmo interpretativo-poético.

A religião hebreu-judaica nascida na periferia da Ásia/Mediterrâneo se tornou fundamental para o cristianismo e o mundo. E, a seu modo, construiu diversos secularismos. Na tradição mística da Cabala, ao criar o mundo, Deus se retira do ponto central e deixa um espaço vazio, o mundo natural. O que isso implica foi fundamental para a doutrina cristã pensada por Agostinho. Esse bispo e filósofo norte-africano lançou duas ideias importantes: a de livre-arbítrio, alma (interior) e a do mal (moral) sem existência própria-ontológica (ausência do bem), a de pecado universal-natural da humanidade (pecado original). Para a teologia cristã clássica, quando cataclismas acontecem, não cabe acusar Deus. A lei natural está em domínio distinto do moral ontoteológico. A ideia de livre-escolha se secularizou, foi incorporada em doutrinas ateístas. Doutrina refere-se a um conjunto de ideias articuladas por princípios num construto coeso. Pode-se falar em doutrina kantiana, existencialista, liberal, marxista. Ensinamentos seriam mais amplos, menos amarrados a um arcabouço teórico-metodológico.

As doutrinas ateístas sofrem influências de correntes filosóficas, culturais e científicas. Daí sua variedade. Segundo algumas ideias não religiosas, o mundo e a vida foram gestados, originados – de alguma maneira, por um processo ou auxiliados por algum tipo de lógica – e caminham para um fim, sem nenhum depois. Ou então eles existem e existirão, desde sempre e para sempre. Ou, ainda, o mundo, o cosmo, a vida são continuamente gerados, destruídos e recriados (ciclos eternos), sem divindades ou inteligências transcendentais. Há variações que supõem a concorrência de inteligências superiores não divinas. Há teorias cosmológico-ateias que defendem a noção de multiversos (infinitos, eternos, incriados), sem concurso de deuses ou inteligências criadoras.

A teoria mais comum propõe a Grande Explosão, ocorrida há 13,5 bilhões de anos. Dela se originou o universo conhecido, a vida, o tempo-espaço e tudo mais. Pode-se perguntar pelo antes, mas não há o antes: o tempo-espaço emergiu no ato da explosão. Há outras teorias da origem. Algumas ressignificam antigas ideias, acrescentam detalhes. Epicuro afirmava que "há mundos infinitos, ou semelhantes a este ou diferentes [...] sendo os átomos infinitos em número [...] são levados aos espaços mais distantes" (Epicuro, 1988, p. 16). E, ainda, "é necessário crer que o mundo e toda combinação finita nascem do infinito". Há, na cosmologia moderna, a teoria do multiverso, segundo a qual nosso universo é um dentro de uma infinidade de outros. Numa perspectiva ateia, não há uma inteligência transcendente que o governa (universo), ou que os governam (multiverso), mas uma imanência que engendra a própria inteligência. O grande desafio dessas teorias é combiná-las a evidências factuais passíveis de comprovação científica. O criacionismo monoteísta não é teoria, é dogma, não se equipara às narrativas científicas. É uma narrativa fechada, dogmática.

A forma como as sociedades se organizam social-economicamente – capitalismo de plataformas, neoliberalismo, financeiro – traz impactos extensos, em especial a inflação do signo (traço/coisa), que se torna aleatório, proliferado ao infinito; e a deflação da semântica (pobreza interpretativa). O algoritmo não é aberto/compartilhado com trabalhadores, sociedade e órgãos públicos para redistribuir socialmente as riquezas geradas. Autoproclamados *coaches* e líderes espirituais usam palavras oriundas da Física Quântica com sentidos inventados, propõem rituais que trariam, "cientificamente", prosperidade financeira, cura, milagre. São formas práticas e discursivas mágico-religiosas.

Sobre a ciência, nos ateísmos há duas posições básicas. Uma é mais positivista, celebrando as ciências naturais e seus métodos de forma ingênua e realista, desconsiderando a crítica da ciência e a interpenetração entre natureza, cultura e sociedade. A ciência é vista como único acesso verdadeiro ao real. É um dogmatismo, como o da teologia cristã conservadora.

A segunda posição é mais ampla, sabe lidar com as narrativas científicas – que têm lógica, validade, eficácia, limites de possibilidade – e traz a filosofia, as ciências humanas e sociais, sofisticando a compreensão. Considere as narrativas das ciências, religiões, artes, filosofias e do ateísmo a partir de suas funções e seus gêneros de linguagem específicos, bem como do que é relativo à sua natureza e estrutura interna e, também, a partir das diferenças/divergências entre elas. Pensar que há apenas uma única narrativa para dar conta do mundo é empobrecedor. É ruim colocar todas as narrativas em um mesmo plano, igualá-las, lidar com qualquer tipo de fenômeno a partir de uma única perspectiva, em qualquer situação.

Imagine um casal de namorados numa pradaria, sob um belo luar que os asperge com raios prateados. Suspiros apaixonados. O homem pega uma narrativa científica e diz: "Nossa, olha o satélite natural da terra, com 10.921km de circunferência, 405.696km na maior distância de nosso planeta e, na menor, 363.104km". A mulher olha espantada: "Achei que você ia dizer que o brilho do meu olhar é prateado como o da lua". Ele retruca: "Essas narrativas não são verdadeiras", e desfia um rosário de dados técnico-científicos. Ele não entendeu que há conceitos diferentes de verdade, como a literária, a científica e a filosófica; que, naquela situação, a narrativa científica não é apropriada, embora correta; e que a narrativa poética não é mentira ou inutilidade.

Um ateu pode olhar para algum texto religioso-cultural, como o *Popol Vuh*, registro documental da cultura maia (América Central, século XVI no calendário ocidental), ou um texto sagrado, como a Bíblia

(600 A.E.C. a 100 E.C.), com a versão católica e a protestante (século XVI), e vê-los como narrativas poéticas, labirintos fascinantes de gêneros literários, fatos/dados históricos ficcionados, belezas e terrores, profundas lições morais (e não moralismo barato), questões sociais, concepções de vida, morte, divindade, justiça e injustiça, personagens históricos-literários. Um religioso pode olhar para o céu estrelado e perceber a validade das narrativas astrofísicas e das teorias cosmológicas e astronômicas, com suas profundas implicações lógicas. Um crente religioso pode olhar para doenças, entender biologia, genética, bioquímica, dinâmicas histórico-políticas e sociais-econômicas. Ao entender essas narrativas embasadas em raciocínio lógico-causal e histórico-social, percebe-se que vacinas são importantes e não invalidam a fé. Ele reza, acende vela, incenso, canta mantra, consulta médico, toma remédio prescrito. Há espaços, funções e usos específicos para práticas e narrativas distintas.

Os ateísmos tomam a linguagem das ciências como referência vital. A linguagem científica difere daquelas pelas quais literatura, música, dança e religiões se expressam e se constituem. A linguagem científica busca rigor, método, relações entre causa e efeito; produz testes, laboratório, controle de variáveis, comparações pertinentes. Nas ciências humanas, busca-se a interpretação, a compreensão e o rigor conceitual. Em ambas, os resultados, o processo e a pesquisa são públicos e discutidos com pares, avaliados, comparados com outros. Qualquer conceito deve ser específico, rigoroso e submetido a críticas, para que emerja uma linguagem universal, não importam lugar, contexto, gente.

O Positivismo, grande corrente de pensamento surgida no final do século XIX, simbolizada por Augusto Comte (1798-1857), filósofo francês, excluiu qualquer apelo religioso; instituiu um tipo de ciência como o conhecimento mais real que outros e com acesso real à verdade; estabeleceu a ideia de objetividade e neutralidade absoluta. Nada mais sem sentido, cafona, arrogante e inútil do que alguma corrente de pensamento da ciência, religião, expressão artística, tentar se dizer acesso único/seguro ao real e à verdade, isto é, proclamar-se o Olho de Deus: tudo enxergar a partir do olho de quem vê. Ao final da vida, a paixão de Comte pela escritora Clotilde de Vaux (1815-1846), entre outros fatos, levou-o criar a religião da humanidade, com igreja e culto. Celebravam-se os ícones da humanidade: santos católicos, políticos, cientistas, filósofos, escritores. A corrente positivista dividiu-se, alguns recusavam essa nova direção.

As variações do pensamento ateu sobre o que é a sociedade acompanham as possibilidades do pensamento sociopolítico e as formas políticas, que podem ser reacionário-conservadoras-individualistas, distópicas-

-apocalípticas, mais igualitárias, comunitaristas, utópicas. Em algumas narrativas, o foco é o indivíduo e sua liberdade. Podem ser libertárias à direita: absolutizam a ideia de liberdade, confundem-na com liberdade econômica, olham com hostilidade o Estado, demonizam as regras republicanas e coletivas, jogam para segundo plano a questão da igualdade social e bem-estar coletivo. Podem exaltar a tecnologia, como se ela, por conta própria, fosse independente do processo socioeconômico que a gera. É o fetiche da tecnologia, como lembra Karl Marx.

Ayn Rand (1905-1982), filósofa de origem russa e judia que fugiu para os Estados Unidos durante as lutas políticas russas, expressa um ateísmo situado à direita, conservadora-libertária. Ela defendeu a liberdade individual absoluta, o autointeresse contra o Estado (demonizado), atacou fés/religiões, e teceu louvores cegos à ciência/tecnologia e ao capitalismo como único sistema social moral. Motivo de controvérsias, ela é vista como fervorosa crente secular. Nos livros *A revolta de Atlas*, de 1957, *A virtude do egoísmo*, de 1964, e *Capitalismo: o ideal desconhecido*, de 1966, publicados durante a Guerra Fria, ela expõe ideias conservadoras-libertárias de direita. Há seguidores dessas ideias nos Estados Unidos, no Brasil, na Europa e na Ásia. Os grupos ateus nas redes podem ter dogmatismo intolerante como o de grupos reacionários fanáticos cristãos, islâmicos, budistas ou hindus.

Em tempos de extrema-direita global ou local agressiva, esses grupos cresceram e espalharam-se pelas redes sociais. Estas não são uma entidade metafísica, mas produto específico das formas de organização econômica dominantes, que favorecem modos de se comportar e acreditar. Keith Hart, antropólogo inglês, avança a hipótese de que o dinheiro é uma forma de vida religiosa, em especial sob o capitalismo contemporâneo, com crenças e ritos. Aplicações financeiras envolvem robôs, algoritmos, fluxos velozes de informação na infoesfera, mas também crença individual e coletiva na mão invisível do mercado, entre outras.

No mundo antigo, a filosofia da natureza ou filosofia materialista era a proposição dos atomistas, do filósofo Demócrito (460-370 A.E.C.), que irrigou formas laicas de pensar e agir. Mas há diferenças entre essa filosofia e as ideias e os pensadores dos séculos XVIII e XIX, o século do Iluminismo e o da história (Historicismo). Havia correntes deterministas e não deterministas que discutiam a questão da liberdade (declinação do átomo). Epicuro não nega os deuses, mas diz que não é preciso se importar com eles, que bastam a si mesmos e não olham para o mundo dos mortais. Era fácil seguir o que é bom e suportar a adversidade por ser simples, racional. Pode-se pôr a razão e vontade em outras atividades e tarefas melhores. O Jardim de Epicuro foi tematizado na Idade Média. Alguns foram acusados de serem discípulos do Jardim. Hieronimus

Bosch, em 1504, pintou um tríptico: o Jardim das Delícias Terrenas. Ele descreve a história a partir da criação. Nas abas laterais estão o Paraíso Terrestre e o Inferno. Ao centro, o Jardim, com seus prazeres carnais. Permanece polêmica a identidade dos financiadores dessa obra, se seriam nobres ou gente ligada às heresias medievais. O hedonismo epicurista procura maximizar prazeres e minimizar dores em busca do simples, bom e racional, não do sensual e excessivo. Se estou com sede e basta um copo d'água para saciá-la; ao tomá-lo, combino razão, necessidade, liberdade e prazer. Tenho, assim, as condições para prazeres estáveis (ausência de dor) e prazeres do movimento (felicidade).

2.1 Salvação, realização humana e política

Um dos marcos para a liberdade de investigação sobre fenômenos religiosos e, com isso, para a liberdade de ser ateu provém de mudanças sociais, econômicas e culturais-intelectuais que deram origem à modernidade ocidental. A possibilidade de uma moral ou ética sem bases religiosas ou metafísicas é uma conversa plausível. Os argumentos que a sustentam são racionais, laico-seculares, discutidos por pensadores, escritores, filósofos e cientistas. As direções do argumento podem ser libertárias-individualistas à direita, sociais-libertárias ou coletivistas-cooperativistas à esquerda. Podem ser autoritárias. Podem propor uma espiritualidade sem Deus ou uma experiência interior sem sagrado.

Comte-Sponville (1952-) (2007) defende a possibilidade de uma espiritualidade desfeita de Deus, a partir das próprias limitações e possibilidades humanas. Se existe salvação, ela será buscada entre seres humanos. Não se carece de potências sobrenaturais, deuses, gurus, embora eles possam ser lidos como símbolos das questões humanas, fontes de inspiração. Jesus Cristo, Muhammad, Sidarta Gautama são metáforas morais, mistério, amor, iluminação. Suas histórias, os contextos em que viveram, o que ensinaram, o que seus herdeiros deixaram e seus desdobramentos não intencionais não escapam de análise e crítica. A salvação na perspectiva da não religião não é a do pecado ou carma, mas pode ser a da pobreza-miséria, solidão, vazio, infelicidade, doença, desigualdade social, tirania, tortura, crueldade, destruição da natureza.

O século ateu (XVIII) sistematizou ideias anteriores – epicuristas, estoicas, céticas, cínicas – e as relançou. Abriram-se caminhos, novas ideias surgiram em torno da ética laica, sem Deus, vida sem religião, espiritualidade secular, ateia. A ideia de uma ética laica foi ressignificada, inovada e tem muitos argumentadores. Deus é tinhoso; o sagrado, matreiro, pode-se dizer. Assume mil formas. Como vírus, infecta, espalha-se, deseja viver dentro de organismos. Giorgio Agamben (2007) diz que "Deus não morreu. Ele tornou-se dinheiro". E continua: "O capitalismo é uma religião, e a mais feroz, implacável e irracional religião que jamais existiu, porque não conhece nem redenção nem trégua. [...] celebra um culto ininterrupto cuja liturgia é o trabalho e cujo objeto é o dinheiro". Não é o dinheiro, banco ou mercado, como existiram na Idade Média, mas a forma específica gerada pelo capitalismo financeiro-neoliberal em plataformas/algoritmos instrumentalizados pelo grande capital privado transnacional.

2.2 Para onde vai isto tudo, para onde vai o ser humano

Para muitos ateus, não há um fim ou estado religioso (inferno, paraíso, samsara, nirvana, nada). O ateísmo, em suas variantes, está em consonância com as diversas teorias científicas a respeito do que pode acontecer com o mundo, o cosmo, o ser humano. Segundo as teorias cosmológicas mais em voga, o Planeta Terra desaparecerá daqui a 5 bilhões de anos, quando o Sol se expandir. Todavia, há pequenos grupos ateístas que vão contra aspectos científicos consagrados pelas ciências.

Os seres humanos podem extinguir-se. Lévi-Strauss (1908-2009), antropólogo franco-belga, argumentava que o ser-humano é uma frase, um mitema, uma linha melódica no discurso ou na sinfonia infinda do universo. Este continuará. O homem, não. O antropoceno está em andamento: as ameaças globais da destruição do meio ambiente são reais, afetam a todos, mas desigualmente. Mais afetados são os pobres (países, regiões, populações, economias), do Norte ao Sul global. A cadeia de prejuízos afeta religiosos e ateus, mas todos moram na mesma casa-terra. Alguns dizem que será preciso terraformar.

No ateísmo há visões utópicas a respeito do futuro do mundo e do ser humano: crença nas possibilidades de a tecnologia transferir mente-cérebro humano para novos corpos, carnais ou não. Através da narrativa da alma/espírito ou da narrativa do corpo e da materialidade, a imortalidade é ambicionada e defendida por ateísmos tecnológicos, assim como por muitas religiões. Não seria mais o humano. Filmes e livros têm abordado os dilemas e problemas do antropoceno. As variações dessas ideias podem se dar à direita (libertária-individualista) ou à esquerda (libertária-igualitária). Segundo essa leitura, a contradição do dogma monoteísta, o cristão especialmente, é insuportável: indivíduos soberanos com livre-arbítrio são concebidos, na verdade, como não livres. Agem, no fundo, a partir da lei férrea do pecado original e por serem criados do nada pelo próprio Deus. Sendo Ele onisciente e onipotente, fica sem resposta por que Ele criou, do nada, uma criatura que não corresponderia, de antemão, às suas exigências.

Contrapondo-se ao pensar ocidental majoritário (tradições indígenas à parte), é possível trazer Lévi-Strauss (2022, p. 38):

> Segundo modos variados, o hinduísmo, o taoismo, o budismo negam o que para o Ocidente constitui uma evidência primeira: o eu, cujo caráter ilusório essas doutrinas insistem em demonstrar. [...] cada ser é [...] um arranjo precário de fenômenos biológicos e psíquicos sem elemento durável como um "eu": simples aparência, destinada [...] a dissolver-se.

Tais ideias e práticas religiosas são irrigadas com essa concepção, o que torna a definição de ateísmo sem efeito; nesses casos, como entre povos indígenas e algumas tradições espirituais-místicas do mundo ocidental, ser ateu, no sentido moderno, não faz sentido.

Um labirinto espreita o ateísmo positivo: como definir positivamente a ausência de sentido absoluto (Deus) e, ao mesmo tempo, lutar para que outros se convertam a essa "verdade", quase que como missão, revelação? Interessante é a proposta de Peter Berger (2017): é possível e desejável a convivência, dentro de parâmetros justos e racionais, entre discursos seculares e religiosos. A modernidade leva ao pluralismo no plano social e das mentes individuais, e ela própria se torna múltipla: modernidades.

Quando se está imerso nas tentativas de entender essas questões, elas escapam dos dedos. Guimarães Rosa, no clássico *Grande sertão: veredas*, pôs na boca de Riobaldo, o protagonista: "Sertão é isto: o senhor empurra para trás, mas de repente ele volta a rodear o senhor dos lados. Sertão é quando menos se espera, [...] é sem lugar". E, depois, "Deus mesmo, se vier cá, Ele que venha armado [...] a gente vive repetido, o repetido, e, escorregável, num mim minuto, já está empurrado noutro galho. [...] Um está sempre no escuro, só no último derradeiro é que clareiam a sala".

Mais uma posição interessante é a de Richard Rorty (2005, p. 42-43): "Quem se sente incapaz de se apaixonar pela questionação em torno da existência de Deus não tem qualquer direito a desprezar quem acredita na sua existência ou quem a nega com a mesma veemência". E segue: *"Nem os que acreditam, nem os que não acreditam têm o direito de desprezar os que consideram inútil tal discussão"*.

Terceira lição

Heróis e imanência

Supõe-se que Deus, ou os deuses, habita uma realidade superior, que escolhe mediadores (sacerdotes, magos ou profetas) para se comunicar com os humanos e que tem uma vontade implacável. Ir contra isso seria blasfemar. Mas o que é essa vontade, seu conteúdo? Como interpretá-la? Quem está autorizado a falar ou punir as faltas? São questões intermináveis.

Na luta da blasfêmia contra a verdade sagrada, é bom dessacralizar perspectivas. O que remete ao equivocado conceito de "lugar de fala", ou seja, a suposição que algum traço de etnia, religião, orientação sexual, fé religiosa, não fé, gênero, condição social ou corporal daria a alguém acesso direto e exclusivo, absoluto, à verdade. Não existem traços absolutos e imutáveis de uma identidade, sempre igual a si mesma, o tempo todo; exceto se ela for algo da matemática e da lógica. Mas seres humanos e sociedades não são equações.

Uma perspectiva identitária ruim afirma que somente ateus poderiam estudar e ter algo a dizer – supostamente absoluto, objetivo e verdadeiro – sobre o ateísmo, ou apenas religiosos poderiam estudar e ter algo a dizer sobre religião. Ou católicos sobre o catolicismo, evangélicos sobre o pentecostalismo. O identitarismo faz com que a identidade seja vista como algo natural. É uma distorção da política de garantir às minorias direitos básicos. Os traços que compõem a identidade, e ela própria, são dinâmicos, processuais, históricos, mudam, são ressignificados, localizam-se em espaços e tempos específicos, precisam ser lidos de acordo com o contexto geral e específico (econômico-social, político-cultural), com os usos e sua relação com outros traços e identidades. A ideologia identitarista atravessa religiões, correntes políticas, movimentos (extrema-direita, parte das esquerdas, negros, LGBTQIA+, ateus, religiosos).

No identitarismo ateísta, surgem afirmações sem sentido: "Ateus são mais inteligentes que religiosos", "Cristãos são menos caridosos que ateus" ou "Toda criança nasce ateia, depois é doutrinada religiosamente". São equívocos. Pode-se dizer: "Ah, Charles Chaplin era ateu; Adolf Hitler, religioso", mas não diz nada além disso. Qualquer coisa/nome pode ser correlacionada a qualquer coisa/nome. À medida que a correlação é mais bem-criticada, analisada, procura-se ver se há relação de causa e efeito. Isso exige rigor, tempo, esforço, método. Não vale para tudo, apenas para situações e fenômenos específicos. Pobre da ciência, se usada com dogmatismo por quem crê ou quem descrê em divindade. Robert Brandom (2001), filósofo estadunidense, diante da ideia dogmática de acesso exclusivo à realidade sugere manter o "jogo de pedir e dar razões". A conversação entre pessoas, agentes, grupos evita o fundacionismo.

A compreensão humana é oposta ao Olho de Deus, que tudo diz saber e enxergar a partir da perspectiva daquele que vê e daquilo que é visto. Mas a compreensão se dá a partir da situação histórica, sempre incompleta, parcial, em busca de confrontar e comparar outras narrativas para construir conhecimento. Um homem branco ateu pode estudar umbanda *omolokô* ou tradições indígenas; uma mulher negra candomblecista pode estudar cristianismo reacionário, e também qualquer outra coisa. Qualquer um pode estudar qualquer coisa, desde que siga instituições legítimas, atenda a exigências metodológicas, cultive honestidade intelectual, debata com seus pares, torne pública sua pesquisa, receba críticas, responda a elas e continue o jogo de pedir/dar razões. Mas, estar dentro do campo que se pesquisa traz responsabilidade. Ser ateu e estudar ateísmo; ser católico e estudar catolicismo; ser membro de movimentos sociais e estudá-los impõe esforço para ser reflexivo-crítico. Essa posição pode trazer dificuldades nem sempre conscientes: ignorar tensões, conflitos, diferenças.

Crer ou não crer em uma fé religiosa ou política, participar ou não de um grupo religioso não é algo que dá acesso absoluto/total à verdade. A multiplicação de narrativas entrecruzadas, a autocrítica constante e o diálogo com as críticas dos colegas da comunidade acadêmica e não acadêmica favorecem a objetividade científica relativa que as ciências humanas buscam. Em correntes de ateísmo intransigente, tenta-se caçar mitos para supostamente provar que entidades celebradas em um livro ou rito religioso não existem. Isso é diferente de compreendê-los como modelos de comportamento, narrativas poéticas e morais, e não verdades concretas. Religião é manifestação poético-literária específica, modelo de virtude. Mas filosofias laicas também buscam o bem, isto é, o máximo de virtude daquele grupo, naquele contexto. Não se confunda bem e virtude com o bom: para a religião romana, a honra guerreira era máxima virtude, o máximo bem. Para o cristianismo, o bem máximo é amor, caridade, perdão.

Correntes ateístas fundacionistas podem se enrolar no pensamento mítico e se tornarem mitos/ritos religiosos seculares. Wladimir Lenin (1870-1924), líder comunista da ex-URSS, pôs o ateísmo como doutrina oficial e virou totem. Ao morrer, foi embalsamado pelo regime, posto em redoma, exposto num mausoléu, visitado, igual a um corpo preservado de santo católico. Organizações de esquerda podem se tornar religião civil ou secular (Camurça, 1998). A mitificação pode ocorrer com ateus, cientistas, santos, gurus, bandidos. Idealiza-se a vida, esquecem-se conflitos, erros, contextos, complexidades, carnalidade. Da história para o mito.

É automatismo explicar deuses, seres míticos, o amor, pondo-os como simples química, relação cerebral. Pode haver química, gene, átomos, cérebro, mas não são entidades todo-poderosas, realidades últimas. Tudo isso imbrica-se com sociedade, política, vida, e forma um todo maior, mais complexo que as partes. Cérebros não tomam decisões por si próprios. São pessoas que tomam atitudes, com raciocínios e emoções, sob múltiplos contextos e influências. Na tomada de decisões, existem condições físico-químicas, psicológicas, emocionais, político-sociais, culturais que atuam juntas. É a relação mente e cérebro, entes metalinguísticos formados na e pela linguagem.

A natureza não é uma entidade metafísica. Essa imagem é metáfora, assim como a criação do homem no Gênesis, mitologia judaico-cristã. Por isso, conceitos como sindemia ajudam a compreender a inseparável junção entre natureza, biologia, sociedade, política e economia. A destruição ambiental acelerada no regime econômico predominante pôs vírus selvagens em contato com ambientes humanos. Surgiram doenças, como a covid-19. Elas são entidades biopolíticas: emaranhado entre genética, sociedade, política (estatal/social), economia, comunicação. Doenças se fundem aos fluxos financeiros, político-digitais, midiático-linguísticos.

Se as divindades são ficções, pode-se dar um contraponto, ficções existem como narrativa, mas não têm empiria. Do ponto de vista de um crente, elas são existentes, pois o afetam. Ele as vê naquilo que o rodeia e dentro de si. Um poema pode falar de seres fantásticos. Eles não existem como realidade física, mas como literatura. Dizem que psicanálise é ciência falsa porque não provou o exato lugar do inconsciente no cérebro. O inconsciente não existe como dimensão física. Ele é um conceito sobre a vida mental-social humana. Monstros e deuses existem como ideias na linguagem, na escrita, no mito, no mundo das pessoas. Existem enquanto literatura, metáfora, símbolo, desejo, crença coletiva. Não possuem realidade carnal, mas essas ideias têm efeitos palpáveis sobre o comportamento social e individual.

O conhecimento científico pode informar práticas médicas e, com o surgimento de problemas e novas pesquisas, pode mudar e provocar mudanças nas práticas de tratamento ao mostrar que elas não são boas soluções. Em 1910, médicos recomendavam injeções de mercúrio para algumas doenças. Depois, verificou-se que é danoso. Não se faz mais.

Em algumas correntes ateístas, põe-se a tecnologia em lugar de deuses. O realismo ingênuo traz a ideia de fundação única, absoluta da verdade e da realidade. O fundacionismo é uma narrativa fraca, pois não consegue distinguir e relacionar as dimensões da realidade: o concreto, o simbólico, o imaginário, a ideologia, o empírico, o racional, a fantasia, a ficção. Não é que as narrativas sejam todas válidas, com igual peso, valor, função, história, alcance, extensão, qualidade. Elas têm envergaduras, aplicações, usos, contextos, construções e variações. Não servem para compreender qualquer contexto, situação, fenômeno. Melhor é lidar com distintas perspectivas teóricas e práticas, confrontando-as, comparando-as, complementando-as, não as declarando o último fundamento do real.

Há muitas maneiras de falar do que poderiam ser heróis ou seres formidáveis dentro de uma perspectiva ateísta. Concentrarei a narrativa em torno de dois grandes filmes que dizem muito. O primeiro é *Blade Runner – O caçador de androides*, dirigido por Ridley Scott (1982) e *A.I. – Inteligência Artificial* (2001), dirigido por Steven Spielberg.

Blade Runner, lançado em 1982, se passa no início do século XXI. Uma grande corporação – a questão capitalista – desenvolve um robô mais forte e ágil do que os seres humanos e igual a estes em inteligência. Chamam-se replicantes. São difíceis de distinguir dos seres humanos, mas têm tempo de duração determinado. Servem como escravos na colonização e exploração de planetas. No futuro distópico do filme, um grupo deles provocou motim numa colônia fora do Planeta Terra. Considerados ilegais, sofreriam pena de morte na Terra. Um esquadrão policial de elite, *Blade Runner*, é autorizado a matá-los – ou removê-los, um eufemismo. Em novembro de 2019, na cidade de Los Angeles, cinco replicantes liderados por Roy Batty são caçados por Rick Deckard (Harrison Ford), um ex-Blade Runner. Um jogo elétrico se instala. O caçador segue removendo replicantes numa das cenas mais impactantes. Após um confronto, Roy salva Deckard dando-lhe a mão, impedindo-o de cair de um prédio. Sob chuva e sombras, diz: "Eu vi coisas que vocês, humanos, nem iriam acreditar. Naves de ataque pegando fogo na constelação de Órion. Vi raios C resplandecendo no escuro perto do Portão de Tannhäuser. Todos esses momentos ficarão perdidos no tempo, como lágrimas na chuva. Hora de morrer". O não humano ensina ao humano um sentido de existência.

O filme de Steven Spielberg se passa no século XXI. Mudanças climáticas derreteram as calotas polares. As cidades litorâneas estão inundadas. Os robôs eram parte da rotina humana, mas empresas desenvolveram os que entendiam emoções. O garoto David Swinton era um desses robôs. Um casal o adota após seu filho único ser internado com uma doença aparentemente irreversível. Mas o filho doente se recupera. A criança-robô, inventada para suprir afeto, traz questões fundamentais. A partir das máquinas, os humanos lidarão com amor, ódio, desprezo, maldade, sem deuses. O garoto-robô se torna desnecessário e, na cabeça da mãe adotiva, quiçá perigoso. Abandonado na floresta, numa pungente cena, David encontra outros seres rejeitados como ele e procura a Fada Azul, um mito, para, quem sabe, transformar-se em humano e reconquistar o amor materno. Os robôs entram em luta com seres humanos. Depois, o garoto-robô encontra a fada. Ela é um brinquedo num parque de diversões ao fundo do oceano. Lá ele fica. A humanidade se extingue. Soterrado por milhares de anos, David é redescoberto por inteligências extraterrestres. O robô-menino deseja acessar a memória da mãe morta. Com tecnologias, seu pedido se realiza. O pós-humano fascina. Não há Deus ou divindade: desencantamento pleno.

A mitologia em torno dos robôs os apresenta como criaturas que poderiam ultrapassar limites humanos. Contudo não existe possibilidade dessa ultrapassagem, exceto se o robô for uma criatura viva, orgânica, mas aí deixaria de ser o que é. O ciborgue é a adaptação e extensão das tecnologias ao corpo humano. Elas existem há tempos (arado, lança, óculos) e estão cada vez mais dentro do corpo. Improvável que suplantem o humano. Os híbridos entre robô e ciborgue ou os cães-robôs e similares existem, mas não serão como nas ficções fílmicas. Eles são criações humanas pela ciência aplicada, carreada pelos impulsos econômicos, expandidos e regulados por questões político-institucionais. Há múltiplos impactos, negativos e positivos. Não dependem do sagrado, são desencantados, embora contem histórias míticas encantadoras. São personagens fascinantes que mobilizam paixões de ateus e não ateus.

Na revista *Nature*, narra-se que cientistas criaram uma "ponte" entre o cérebro e a medula espinhal de Gert-Jan Oskam, paraplégico há doze anos. Ele conseguiu andar, subir rampa. A interface cérebro-espinhal usou inteligência artificial. Computadores, chips e implantes na coluna e no cérebro decodificaram os pensamentos de Oskam a partir de sinais cerebrais elétricos e os combinaram com movimentos musculares. A ideia de um transplante cerebral não é mais ficção absurda. Não há Deus e sagrado. Quando temos um realismo ingênuo e dogmático, emerge a divinização da tecnologia. Um dos maiores cientistas do cérebro, o brasileiro Miguel Nicolelis, dedica-se a essas questões. Em 2014, na abertura da Copa do Mundo, a tecnologia de exoesqueleto desenvolvida por sua equipe ajudou um jovem paraplégico a chutar uma bola. Esse cientista critica a inteligência artificial: não é inteligente nem artificial. São apenas máquinas de calcular, ajuntar, organizar e justapor dados, informações, números. O poder dessa maquinaria é gerado com o trabalho precário de milhares de pessoas pelo mundo, e ela se aperfeiçoa pelo uso massivo que dela fazemos. Nada recebemos pelo trabalho não remunerado prestado, mas pagamos pelo seu uso.

Quarta lição

Textos consagrados

Muitos são os textos reverenciados, instigantes, intrigantes. Porém, o ateísmo antigo ou o moderno não possui cânone dogmático. Não há livros oficiais como os de uma igreja ou religião, por exemplo, a Bíblia, o Alcorão, o Livro Mórmon, os Vedas, entre outros. Bíblia, Alcorão, Torah, escrituras budistas, hinduístas, confucionistas são obras clássicas da literatura, assim como *Ilíada* e *Odisseia*. E, se são literatura, o dogmatismo religioso ou a implicância ateia não cabem.

Desde o aparecimento das religiões, em especial de escritas sagradas, há diversidade interna de interpretação, mas alguns sentidos se tornaram dominantes em determinadas épocas sob certas condições. Os textos, cada um ou seu conjunto, têm complexa e longa história. A autoria é múltipla: coletiva, indeterminada, individual. Estudar a forma como esses textos foram elaborados traz algumas questões, dentre elas, esta: como eles se tornaram cânones. Há o que não foi incluído no cânone por diversos motivos: dezenas de livros apócrifos cristãos, como o Evangelho de Maria, de Tomé, de Madalena. Eles trazem outro cristianismo: gnóstico, corporal, feminino, inesperado.

Críticas podem ser dirigidas à forma como textos sagrados são instrumentalizados por grupos religiosos cristãos, budistas, islâmicos, hinduístas (e outros) reacionários intolerantes, violentos e fanáticos nas Américas, na Ásia, na Europa, na África e na Oceania. Fanáticos religiosos podem ler esses textos como se fossem ordens da divindade para matar "inimigos" (discordantes, descrentes, dissidentes). Ateus positivistas podem promover campanhas de descrédito dos livros sagrados. A leitura fanática religiosa ou a ateia realista-objetivista é dogmático-autoritária. Por isso, a laicidade do Estado é fundamental para que interpretações de textos sagrados e não sagrados sejam plurais, não sejam censuradas e interajam entre si, estimulando mais estudos e conversas inteligentes, sem censuras religiosas. Impede-se que os livros, da ciência ou da religião, virem instrumento de violência e firam direitos humanos.

O ateísmo mantém diversas posturas com a fé religiosa: hostis, indiferentes ou conviviais. Ele tende a considerar a imanência, o este mundo, o corpo, todos em primeiro plano. Mas o ateísmo ingênuo-cientificista lê a ciência de forma equivocada. Não consegue entender a linguagem da religião. Diz que textos sagrados são mentira ou bobagem. O objetivismo ingênuo, que pode acometer a ciência, despreza história, complexidade das narrativas, supõe verdade última e não consegue fazer distinções e interpretações. Faz generalizações ruins. No estudo de literatura analisa-se a história de composição e da recepção, a influência de correntes filosófico-sociais, os fatos, eventos e contextos históricos e econômico-políticos. Estuda-se a qualidade: estética, literária, linguística, imagética, poética, textual. E, ao se estudar livros sagrados, é legítimo usar métodos científicos e críticos, literário-históricos, sociológicos, filológicos, etnográficos, arqueológicos, linguísticos. Assim também se pode fazer com os textos das ciências. Na produção textual ateísta há em jogo, como em qualquer outra, qualidade literária, disputas entre líderes e comunidades, interpretações, contextos históricos e socioeconômicos, processos de produção, recepção e difusão dos textos maiores ou menores.

O ateísmo negativo não vê problemas em conviver com textos sagrados como literatura. Livros sagrados são contraditórios, têm longa e complexa história (autoria, composição, tradução, recepção, comunidades crentes, especialistas, interpretações majoritárias e minoritárias). Fatos históricos narrados misturam-se às ficções, à mito-poesia. Guardiões e intérpretes dos livros sagrados (teólogos, sacerdotes, monges) quebram a cabeça para resolver contradições, problemas de interpretação, tradução, mas o fazem dentro do arcabouço dado pelas tradições interpretativas e as vertentes internas às suas famílias religiosas. Fenômeno parecido ocorre nas correntes ateístas.

A variedade da qualidade e da autoria dos livros e referências do espectro ateísta é imensa. Eles estão espalhados pelo tempo e pelo espaço. Há poesia, romance, texto acadêmico-científico, propaganda/panfleto, desenho, filme, quadrinhos, crônica, contos. Impossível tratar desse material todo. Abaixo, apenas uma noção geral.

4.1 Poema, romance, conto

Um dos mais célebres poemas, *De rerum natura*, foi escrito pelo romano Lucrécio, discípulo de Epicuro. A invocação inicial a Vênus ("Ó mãe dos Enéadas, prazer dos homens e dos deuses..."), deusa romana do amor, é mais licença poética do que afirmação de fé. A compreensão da natureza das coisas, da morte, da matéria e dos deuses retira o medo deles e o medo das superstições que sufocam e infelicitam a vida. Os deuses são intangíveis, não se preocupam/interagem conosco, não interferem, não têm paixões, estão em eterno repouso. Ao homem restam a natureza, a sociedade e a vontade. São seis livros: os ímpares contêm as ideias para compreensão dos fenômenos tratados nos livros pares (átomos, física, alma, ser humano, mundo, cosmologia).

Há poemas antirreligiosos, anticlericais, ateus, agnósticos, contra superstições, inferno, pena eternas, vida após a morte, reencarnação/transmigração de almas, toda parafernália religiosa. Suas origens remontam à Grécia, mas não se restringem à cultura greco-helênica-romana. Encontram-se em muitas culturas e civilizações. Se tornam mais comuns a partir do Renascimento e da invenção da imprensa, com Johannes Gutenberg (1396-1468). Os séculos XVIII e XIX são importantes para a literatura ateísta. Um dos poemas mais famosos em língua portuguesa, *A velhice do Padre Eterno*, de Guerra Junqueira (1850-1923), escritor e político português, despertou a fúria de católicos e da Igreja.

Entre os melhores escritores do mundo, Machado de Assis produziu textos com carga cético-secular, irônica, às vezes mordaz no que diz respeito à religião, providência divina, padres, Igreja, espiritismo, superstições e magia. O negro bruxo do Cosme Velho (bairro carioca) recebeu influência filosófico-científica de diversas fontes, em especial de Schopenhauer. *Memórias póstumas de Brás Cubas*, escrito em 1881, estrutura-se numa narrativa de primeira pessoa (um defunto). Muitos são os textos que lidam com o religioso diretamente. Dentre eles, trago o conto *A cartomante*: um casal de jovens amantes apaixonados, aflito em não ser descoberto pelo marido vingativo e ciumento, consulta uma velha cartomante hispânico-carioca. As cartas profetizaram um futuro radiante. Nada se revelou como previsto pelas potências astrais. A morte sangrenta chegou para o casal pelas mãos do cônjuge traído.

A verve agnóstica transparece nas crônicas, como nesta, 19 de julho de 1888:

> Os espiritistas brasileiros acabam de dar um golpe de mestre. Apareceu [...] um médium. Dr. Slade [...] com fama de [...] prodigioso. A Federação [...] nomeou uma comissão para estudar os fenômenos de escritura direta sobre ardósia e outros fenômenos físicos produzidos pelo médium. [...] não achou que o homem valesse a pena; declarou que os trabalhos ficaram muito abaixo do que esse [...] médium conseguiu na Inglaterra, França, Alemanha, Estados Unidos e Austrália. [...] a própria Federação explica [...]: "Todos os que estudam os fenômenos espíritas (diz ela) conhecem que as mediunidades estão sujeitas a esses eclipses". [...] "Somente lamentamos que nesses eclipses da sua faculdade, o médium, sem dúvida por sugestão maligna, busque simular fenômenos que obtém nas condições normais." [...] a Federação cumpriu o seu dever desvendando as sugestões malignas. *Nem parece que isto mesmo foi sugestão de despeito* [...] *Valha-me Nossa Senhora! Que porção de coisas obscuras que nunca hei de entender! E daí, que sabe? Schopenhauer chegou a crer nas mesas que giram*[7] [...] (Assis, 1997, p. 25, grifos do autor).

José Saramago, talvez o mais célebre ateu lusófono, fala sobre Deus (desnecessário, cruel, enfadonho, medroso): *História do cerco de Lisboa* e *O evangelho*

---

7. As mesas girantes foram fenômenos de mesas que batiam e giravam, supostamente, movidas por espíritos. Surgiram nos Estados Unidos, em 1848. Foi moda nos Estados Unidos, na Europa e no Brasil.

segundo Jesus Cristo, dentre outros livros, são fundamentais para conhecer sua visão literária ateia/agnóstica. Em entrevistas ao jornal *El País*, em 2009, ele disse: "A morte é a inventora de Deus" e "Há quem me nega o direito de falar de Deus, porque não creio. E eu digo que tenho todo o direito do mundo. Quero falar de Deus porque é um problema que afeta toda a humanidade".

Simone de Beauvoir, filósofa, escritora e feminista, no romance *Todos os homens são mortais*, escrito em 1946, colocou a questão da mortalidade, do móvel e do imóvel, dos efeitos contrários às direções nas quais se busca ir. O romance conta a trágica relação entre Fosca e Regine. Ele, imortal. Ela, atriz. Fosca alcançou a imortalidade num trato com um alquimista francês (Nicolau Flamel). Ao dialogar com Regine, o imortal procura explicar por que não a deseja para ninguém: a imortalidade aniquila o humano.

Salman Rushdie, escritor anglo-indiano exilado nos Estados Unidos, escreveu *Versos satânicos* em 1988. É uma obra interessante pelas reações que suscitou e pela acusação de ateísmo. O escritor sofreu um decreto de morte do governo teocrático-ditatorial do Irã por suposta ofensa ao Profeta Mohammed. A narrativa do livro mistura ficção, realismo mágico e fatos históricos, colocando em confronto mundos distintos, fragmentários, e arrodeando duas personagens: Gibreel Farishta e Saladin Chamcha. As relações nacionalismo/cosmopolitismo, Índia/Reino Unido, ex-colônia/metrópole, imigrantes/nativos, fiéis/ateus atravessam o texto. O trecho que trouxe o decreto indefensável do Aiatolá Khomeini está numa parte intitulada "Mahound", termo considerado ofensivo por muçulmanos.

4.2 Textos provocadores e polemistas

Em 1961, *L'eclissi del sacro nella civiltà industriale* (O eclipse do sagrado na civilização industrial), do sociólogo italiano Sabino S. Acquaviva, discutiu a secularização da vida, a perda da crença no sagrado, em Deus e em fés religiosas. Havia crescente descristianização, em especial na Europa. A prática e identidade religiosa na Inglaterra, França, Holanda, Lituânia, dentre outros, está baixíssima. A Inglaterra não é mais cristã. A Igreja Anglicana é minoria. A religião cambaleia em Portugal e na Espanha, outrora baluartes da fé católica, com legislação sobre aborto, eutanásia, abertura às minorias LGBTQIA+, grupos ateus. A ideia de Acquaviva é válida. Não à toa, a extrema-direita política mundial e brasileira aliou-se aos fanatismos religiosos (cristão, judeu, islâmico e outros) na tentativa de limitar a laicidade, de derrubar poderes republicanos ao usar a democracia direta, impor sua agenda particular para a sociedade. Esse movimento tem causas complexas, como o modo de organização socioeconômica atual e seus reflexos sobre a subjetividade e os vínculos sociais.

Há muitos textos no campo ateísta, agnóstico e cético com uma concepção de ciência marcada por ideias objetivistas-fundacionistas. Alguns são mais polêmicos do que bem-escritos e provocadores de reflexão. Outros, ao contrário. Pode-se citar os livros de Richard Dawkins (2007), *Deus, um delírio*, e o de Daniel Dennett (2006), *Quebrando o encanto: a religião como fenômeno natural*. Talvez sejam os mais midiáticos e ativos ateístas no mundo. Dawkins tenta fundamentar a ideia de Deus como delírio. Dennett afirma que religião é violência e traz histórias (inquisições, fogueiras de bruxas, cruzadas cristãs, suicídios coletivos de seitas). A maioria desses livros não tem a potência, a inteligência e o charme dos clássicos como Diderot, Freud, Nietzsche, Saramago. É brutal a diferença entre textos ateístas orientados por uma concepção de ciência objetivista, que tendem a enxergar natureza, cérebro e genes como se fossem entidades metafísicas, e os textos das ciências sociais e humanas, orientados por uma perspectiva dialético-compreensiva. O objetivismo científico torna o ateísmo ultrapassado.

4.3 Textos potentes

Denis Diderot (1713-1784), filósofo das Luzes, organizador da *Enciclopédia* (1745-1772), escreveu *Prin-*

cípios filosóficos da matéria e do movimento (1770) e *Diálogo de um filósofo com a Marechala de...* (1774). Neste, através do diálogo entre a Marechala, cristã, e um ateu culto, o próprio Diderot em algumas versões, o filósofo iluminista afirma que, se houvesse um julgamento divino, um ateu de vida honesta nada temeria. Rebate, indiretamente, a aposta da existência de Deus do filósofo cristão Blaise Pascal (1623-1662). Acusado de desrespeito à religião, ele retomou a tradição grega atomista, reabilitou os sentidos corporais sob o crivo da racionalidade e dispensou o deísmo.

A essência do cristianismo (1841), escrito pelo filósofo germânico Ludwig Feuerbach (1804-1872), propõe um ateísmo antropológico. Teologia é antropologia. Deus e seus mistério/atributos são encontrados no homem, mas eram projetados em um ser divino que não existe em si:

> Deus é a intimidade revelada, o pronunciamento do Eu do homem; a religião é uma revelação solene das preciosidades ocultas do homem, a confissão dos seus mais íntimos pensamentos, a manifestação pública dos seus segredos de amor (Feuerbach, 2013, p. 44).

O livro influenciou correntes filosófico-políticas distintas (marxismos/socialismos, anarquismo, libertarismo de direita, anarcocapitalismo). Marx criticou os conceitos feuerbachianos de homem, sociedade e natureza (genérico/abstratos, sem perspectiva dialético-histórica).

O *Manifesto comunista* (1848), escrito por Friedrich Engels e Karl Marx, é outro dessas potencias literárias. O texto, destinado a um público mais amplo, não faz uma crítica direta à religião, não discute ateísmo, mas seu pano de fundo arranca a história e o mundo da visão naturalista-teológica. Coloca-se a questão do conflito de classes sociais por elas terem interesses divergentes. Os conflitos são inerentes às ordens sociais e econômicas. O capitalismo, em sua marcha dialético--histórica, corrói tradições e o que era sagrado; transforma tudo em mercadoria e dinheiro:

> [...] em lugar da exploração dissimulada por ilusões religiosas e políticas, a burguesia [expressão do capitalismo] colocou uma exploração aberta, direta, despudorada e brutal. [...] Tudo o que era sólido e estável se desmancha no ar, tudo o que era sagrado é profanado, e os *homens são obrigados finalmente a encarar sem ilusões a sua posição social e as suas relações com outros homens* (Marx; Engels, 2001, p. 42-43, grifo meu).

Há passagens textuais que sugerem positivismo em Marx, mas, no quadro geral, ele criou uma narrativa sobre o mundo que ainda é válida. Vinculou a economia à política, a emancipação humana à justiça social e a religião ao mundo social que emergiu do modo de produção capitalista que ainda impera, embora com mudanças. Estalinismo e leninismo eram mais positivistas-evolucionistas: a história seguiria uma lei cujos estágios atingiriam um resultado. Mas isso é leitura ruim.

A gaia ciência (1882) e *Assim falou Zaratustra* (1883), escritos por Friedrich Nietzsche, têm ideias poderosas. Esses livros, entre outros, estão escritos em peculiar forma de filosofia: aforismas, imagens e diálogos literários, parábolas. *Genealogia da moral* (1887) explora a origem nada sagrada dos conceitos morais de bem e de mal e desconstrói sua origem religiosa-metafísica. Os dois primeiros são instigantes. Eis a "morte de Deus" no aforisma 125 de *A gaia ciência*:

> Não ouviram falar daquele homem louco que numa clara manhã acendeu uma lanterna, correu até o mercado e gritou incessantemente: "Eu procuro Deus! [...]" Como lá estavam muitos daqueles que não acreditavam em Deus, ele provocou uma grande gargalhada. [...] O homem louco saltou no meio deles e trespassou-os com seu olhar. "Para onde foi Deus?", gritou ele, "eu lhes direi! Nós o matamos – vocês e eu! Todos nós somos seus assassinos! Mas como fizemos isso? [...] Que fizemos nós, quando desacorrentamos esta Terra do seu Sol? Para onde ela se move agora? Para onde nos movemos? [...] Não caímos continuamente? Para trás, para os lados, para a frente, em todas as direções? Há ainda um 'acima' e um 'abaixo'? [...] Ainda não sentimos nada do cheiro da putrefação divina? – também os deuses apodrecem! Deus está morto! [...] E nós o matamos! [...] Que ritos expiatórios, que jogos sagrados teremos que inventar? Não é a grandeza desse crime grande demais para nós? [...]" Aqui calou o homem louco, e observou seus ouvintes: também eles calaram e olharam para ele [...] ele jogou sua lanterna no chão e ela se estilhaçou em pedaços e se apagou. "Eu venho cedo

demais", disse ele então, "não é ainda meu tempo". [...] Conta-se que o homem louco [...] invadiria diversas igrejas e lá entoaria o seu *Requiem aeternam deo*. Conduzido para fora e interrogado, [...] respondia: *"Que são ainda essas igrejas, se não os mausoléus e túmulos de Deus?"* (Nietzsche, 2017, p. 135-136, grifo meu).

Esses textos requerem interpretação refinada. Fala-se do crescimento de igrejas e movimentos religiosos como contraprova da morte de D(d)eus. Critica-se a teoria da secularização e do desencantamento do mundo. Vai-se na ideia oposta: tudo é reencantado. Muitas igrejas e religiões existem hoje como empresa, teatro, banco, partido político, mídia. Sua mentalidade é secular. Existem líderes religiosos mercadores, traficantes evangélicos, gurus abusadores. Religiões podem adotar interpretações estapafúrdias em relação à tradição a que dizem pertencer, como pastores que defendem liberação de armas. O Sermão da Montanha (perdão, amor), apontado como o coração do cristianismo, é esquecido ou distorcido. Retornando à interpretação dessa passagem de Nietzsche, um dos sentidos do aforisma 125 é a morte de qualquer fundamento último do real. Nada pode ser o Absoluto: Deus, Ciência, Homem, Técnica, Dinheiro.

Sigmund Freud, pensador, médico, criador da psicanálise, faz uma interpretação ateísta da religião. O ateísmo psicanalítico é refinado, instigante. No ensaio *Totem e tabu* (1913), ele conversa com etnografia/antropologia, filosofia e história. Ele deseja investigar a gêneses laica e secular dos totens (símbolos sagrados) e tabus (proibições cujas origens são incertas) que constrangem indivíduos e sociedades. A origem das leis é terrível e ateia: a horda, o pai, a mãe, o assassinato, o incesto, a refeição totêmica, o totem.

Na obra *O homem Moisés e a religião monoteísta* (1939), ele combina pesquisa historiográfica e imaginação, e lança hipóteses ousadas: Moisés foi egípcio, legou aos judeus o monoteísmo, baseado num crime primordial e muitas dualidades. Freud desencantou a origem da religião e da identidade judias em uma bela narrativa. Na obra *O futuro de uma ilusão* (1927), emergem civilização, desamparo, trauma, religião (forma ilusória insistente/ritual obsessivo coletivo): "Os deuses conservam [...] tripla tarefa: afastar pavores da natureza, reconciliar homens com a crueldade do destino, em especial como ela se mostra na morte, recompensá-los pelos sofrimentos e privações que a convivência na cultura lhes impõe". Diz ainda: "As ideias religiosas [...] exerceram a mais forte influência possível sobre a humanidade. [...] Devemos perguntar onde reside a força interior dessas doutrinas e a que deve sua eficácia independente, como é, do reconhecimento pela razão" (Freud, 1996, p. 38). Enigma, ambiguidade, neurose: "Em todos os tempos, a imoralidade encontrou na religião tanto apoio quanto a moralidade". E segue:

"*O verdadeiro crente encontra-se* [...] *protegido* [...] *a aceitação da neurose universal dispensa-o da tarefa de criar para si uma neurose pessoal*".

The philosophy of atheism (A filosofia do ateísmo), escrito por Emma Goldman (1869-1940), feminista, pensadora, líder anarquista de esquerda, foi publicado em 1916, durante a Primeira Guerra, em Nova York, na revista *Mother Earth*. O texto é um libelo pela liberdade, igualdade social e fraternidade.

Pós-Deus, livro de Peter Sloterdijk (2019), reflete sobre pensadores diversos, ideias, eventos históricos, mudanças contemporâneas, formações civilizacionais e mitológicas antigas, medievais e modernas, arte, liberdade, construindo uma narrativa vivaz, mordaz, coesa, original. No capítulo 1, intitulado "O crepúsculo dos deuses", expressão usada por Nietzsche e Heidegger, lê-se: "Não apenas Deus que cria, a natureza e o ser humano também possuem qualidades criativas" (Sloterdijk, 2019, p. 20). Vive-se não mais a era do deus-homem, mas a era do homem-máquina.

Em 2007, Charles Taylor (2010) publicou uma obra enorme, *Uma era secular*. Esse filósofo canadense coloca em questão a secularidade, em especial a partir da Reforma Protestante: "[...] por que é tão difícil crer em Deus no (em tantos ambientes do) Ocidente moderno, enquanto que em 1500 era virtualmente impossível não crer?" (Taylor, 2010, p. 633).

4.4 Fontes digitais sobre ateísmo, humanismo secular e agnosticismo

O mundo das plataformas tem de tudo, mas as boas fontes são poucas. Em relação à pesquisa sobre ateísmo no Brasil, há poucos estudos. Dentre eles, destacam-se os de Ricardo Silva (2018; 2020). Darei ênfase a dois tipos, organizativo-política e investigativo-textual.

Do primeiro tipo, citam-se:

1. *Associação Brasileira de Ateus e Agnósticos* – https://www.atea.org.br/

Mantido pela associação civil de mesmo nome, apresenta argumentos em favor do ateísmo, com seção de depoimentos, canal de denúncias, blog, links para o Facebook, X (Twitter) e YouTube, atividades em geral e ações jurídicas em favor da laicidade.

2. *Associação Ateísta Portuguesa* – https://www.aateistaportuguesa.org/

Similar à associação brasileira, tem interessantes seções, como a que pretende ajudar aqueles que desejam fazer apostasia, ou seja, desligarem-se formalmente da Igreja Católica. Há modelos de cartas para o desbatismo/apostasia e exemplos bem-sucedidos. Há um manifesto institucional também.

Do segundo tipo de fontes:

1. *Liga Humanista Secular do Brasil* – https://lihs.org.br/

A associação civil humanista secular mantém esse portal com artigos, matérias, links, membros e assembleia. Tem sessões estaduais. Há links outras redes sociais. Encontra-se desatualizado, mas seu conteúdo está on-line.

2. *Humanist Heritage* – https://heritage.humanists.uk/

Portal de fontes inaugurado em homenagem aos mais de 150 anos da Liga Inglesa de Humanismo Secular. Apresenta riqueza de artigos, fotos e imagens, verbetes, recortes biográficos de ateus, agnósticos e humanistas, com destaque para mulheres, e um mapeamento de grupos civis seculares, ateus, agnósticos, racionalistas e humanistas seculares. Tem links com Facebook, YouTube e X (Twitter).

3. *History For Atheists* – https://historyforatheists.com/

Portal sobre história do ateísmo fundado por um pesquisador cético e ateu australiano. Fornece boas discussões, artigos e resenhas de especialistas sobre questões ligadas ao ateísmo, agnosticismo e humanismo secular. O ponto forte é a visão histórica interpretativo-crítica e a desconstrução de mitos ateus em torno de pessoas, fatos ou eventos, como Hipátia de Alexandria, Jesus/Natal, Abjuração de Galileu, que comovem ateus e agnósticos mundo afora.

Quinta lição

Organizações e grupos

Nem todos os ateísmos formam estruturas eclesiais como a religião no mundo ocidental formou, ou comunidades étnicas fechadas com algum traço religioso. Ao longo da história, houve grupos, filosofias ateístas, mas nunca formaram organizações massivas e hierárquicas, como a Igreja Católica Apostólica Romana. Talvez em forma federativa.

A rigor, os ateus passaram a se organizar institucionalmente com o advento do mundo moderno. O teocentrismo e o poder social-civil das organizações eclesiais (como a católica e a evangélica) foram relativizados e contrariados. Surgiram códigos jurídicos laicos – constitucionais e infraconstitucionais – separados de leis religiosas. Com isso, ganharam todas as religiões e, claro, os ateus, agnósticos, sem-religião. A liberdade de consciência e crença ampliou-se e passou a ser defendida pelas sociedades em geral, em especial as que combinam regime democrático liberal de representação e instituições republicanas de ordenamento institucional e de equilíbrio entre poder judiciário, legislativo e executivo. A cultura iluminista teve papel destacado. Sua influência reverberou além da Europa. Houve clubes e saraus onde homens, e algumas mulheres, reuniam-se para ler textos e filósofos e participar de protestos contra o mandonismo eclesial. A filosofia libertina era ateia e anticlerical, lutava contra os poderes sufocantes do clero/Igreja e seus privilégios escandalosos.

Havia um ateísmo militante entre as classes aristocráticas e burguesas. Nas classes populares, se não havia clubes ateístas, havia comportamentos coletivos de rebeldia contra a religião oficial, às vezes com traços, ainda que sutis, de ideias panteístas, agnósticas e ateias. Grupos ateístas são malvistos em alguns países africanos, países de maioria muçulmana ou países de maioria cristã de vertente conservadora da extrema-direita, como a Rússia. Nesses locais há cerceamento de direitos de cidadãos ateus. Um relatório do Parlamento Europeu de 2017 afirma que pessoas não religiosas estão submetidas a discriminação severa em 85 países.

5.1 Comunidades, associações e movimentos organizados

Existem aproximadamente 1,1 bilhão de pessoas no mundo agrupadas como seculares: irreligiosas, sem-religião, agnósticas, ateias, panteístas. São a terceira maior força sociorreligiosa planetária depois do cristianismo (2,1 bilhões) e do islamismo (1,4 bilhão). Na China, 40% do 1,3 bilhão de habitantes declaram-se seculares, ateus, sem-religião. A distribuição dessa multidão é irregular: algumas regiões crescem mais, outras menos. No Censo de 2010 havia 640 mil ateus declarados, 0,4% da população brasileira. Projeta-se, para 2030, 18 a 20% de sem-religião e, destes, 1 a 3% de ateus.

Uma parcela menor da população que se identifica como ateísta entra em organizações, associações e clubes. Tamanho, estrutura etária, educação, sexo, estado civil e gênero entre ateus são bem variados no mundo e no Brasil. No norte da Europa, no Japão e em nações que são ou foram socialistas/comunistas, o perfil médio é o seguinte: jovens, homens, com bom nível educacional e renda. Contudo, apesar de nível de renda, cultura, escolaridade, gênero e idade serem importantes, o ateísmo transborda esses indicadores.

A partir do século XIX, o ateísmo e suas organizações se desenvolveram mais. Elas se situam em um largo espectro, junto com organizações de livres-pensadores, humanistas seculares e agnósticos.

Há grupos de ateus com fervor militante contra igrejas e Deus/deuses, gurus, charlatães, magos. Eles podem se caracterizar por atitudes proselitistas, buscar converter mais gente à sua luta, acionar o aparato judicial para combater privilégios ou ações indevidas do Estado em favor de religiões, e promover campanhas contra abuso religioso da boa-fé pública e contra preconceitos acerca dos não religiosos e de religiões minoritárias, como umbanda e candomblé. As mais importantes associações ou organizações ateias se espalham pelo mundo, com ênfase em países da Europa e da América Latina, bem como Índia e Austrália.

O movimento ateu tem diversas agendas, dentre elas questionar a existência de Deus e combater a interferência indevida das Igrejas e dos movimentos religiosos sobre o espaço público e o aparelho estatal. Os estudos etnográficos mostram ângulos que ainda não foram bem-vistos.

Há centros ateístas em cidades indianas, com destaque para a organização ateísta hindu *Andhashraddha Nirmoolan Samiti* (Associação para Erradicação da Superstição), em Maharasha. A colonização britânica e o contato com complexos sistemas de pensamentos/práticas hinduístas foram importantes. Essas organizações questionam a crença em poderes mágicos e o autoritarismo de gurus carismáticos, que pode promover comportamentos destrutivos entre seus seguidores.

Na Coreia do Sul, país com muitos cristãos, há seitas com casos de assassinatos, suicídios e explorações sexuais. Lá, como na França e na Índia, há organizações antisseitas. Algumas delas são religiosas; outras, não. O pano de fundo dessas organizações é a denúncia e crítica de comportamentos destrutivos: suicídios, abuso moral/sexual, servidão/escravidão.

Talvez uma das mais famosas organizações seja a *American Atheists,* fundada em 1963 por Madalyn Murray O'Hair. Essa estadunidense, advogada e militante ateia, filha de pais protestantes, marcou a luta pela ampliação dos direitos civis. Ela questionou desde cerimônias religiosas na Casa Branca até aulas confessionais (catequese) em escolas públicas. A luta que a tornou famosa se deu em 1960, quando seu filho estudava em uma escola pública de Baltimore. Ela se rebelou contra o sistema escolar por suas práticas obrigatórias de oração e leitura da Bíblia. Em batalhas posteriores, a questão parou na Suprema Corte, que decidiu em favor do Estado laico. O Estado não tem competência para promover ou perseguir crenças religiosas. A decisão corrobora princípios seculares elaborados no mundo ocidental desde o século XVIII.

No Brasil, a militância mais aguerrida se faz em torno de grupos e associações, sendo a principal a Associação Brasileira de Ateus e Agnósticos (Atea), fundada em São Paulo, em 2008, por Daniel Sottomaior, Alfredo Spínola e Mauricio Palazzuoli, com cerca de 20 mil membros. A associação está nas redes sociais, atua junto aos tribunais para promover a laicidade, participa de comitês de diversidade religiosa e de organizações, como a OAB (Ordem dos Advogados do Brasil), além de fazer campanhas de esclarecimento. Seus objetivos são:

> Congregar ateus e agnósticos, combater o preconceito [...] a respeito do ateísmo e do agnosticismo [...]; Apontar o ateísmo e o agnosticismo como caminhos filosóficos viáveis, consistentes e morais; Promover sistemas éticos seculares; Promover a laicidade efetiva do Estado, combatendo em todas as esferas legais qualquer tipo de associação que seja contrária ao descrito na Constituição da República Federativa do Brasil; Promover o pensamento crítico e o método científico [...] (Sottomaior, 2008).

Em ambas as organizações, a brasileira e a estadunidense, e em outras similares pelo mundo, luta-se em favor da laicidade do Estado, contra o favorecimento direto ou indireto por parte do Estado de credos religiosos, em especial o hegemônico (cristão, islâmico, hindu ou budista). Nesse aspecto, a laicidade estatal brasileira vive sob ataque. O explosivo crescimento das igrejas evangélicas, de 1% (1970) para 30% (2023), em consonância com o avanço neoliberal – com o recuo do Estado de Bem-estar Social e dos sindicatos/partidos – e a fragilização da educação pública, trouxe dificuldades para a laicidade. Igrejas evangélicas poderosas – Assembleia de Deus, Iurd – defendem, por meio de uma bancada religiosa poderosa no Congresso Nacional (mais de 90 deputados/senadores), uma visão moral restritiva e buscam benefícios para si próprias. Deseja-se aumentar a isenção de tributos/taxas dos templos religiosos. É uma subvenção estatal indireta para beneficiar a religião, o que a Constituição de 1988 proíbe. O avanço de agentes religiosos reacionários nos poderes republicanos, em especial no legislativo, relaciona-se a ataques contra os direitos de minorias, como povos indígenas (missionarismo indevido), população LGBTQIAPNB+ (homofobia) e mulheres.

O crescimento das organizações atinge países muçulmanos, embora aí encontrem censura e perseguição. Mas, após a Primavera Árabe (2011), surgiu em 2017 uma associação de livres-pensadores na Tunísia, norte da África (maioria muçulmana). Uma revolta ampla derrubou o ditador tunisiano Zine Ben Ali, aprovou-se uma nova constituição com artigos que garantem a liberdade de crença, consciência e culto. Há uma relação forte entre laicidade do Estado e respeito à liberdade de crença religiosa e crença ateia ou não religiosa.

No século XXI, integrando formas de organização anteriores, nascem novos modos: páginas ou perfis pessoais e coletivos, comunidades virtuais. E num imenso paradoxo: inserção individual, mas funcionamento em rede ou em coletividades que se movimentam de forma avassaladora, porque destroem-se as mediações institucionais. As atuais organizações ateias são transversais, estão em plataformas digitais, ultrapassam fronteiras nacionais e animam comunidades diversas ao redor do mundo. Elas fazem intercâmbios entre si. Depoimentos de personalidades, cientistas, escritores, músicos, artistas e militantes digitais ateus/agnósticos são disponibilizados em vídeos, compartilhados, e se propagam. Campanhas contra a intromissão da religião na vida pública, contra abuso religioso, entre outras, ganham contornos midiático-massivos. Avivam-se polêmicas. Às vezes essas associações ou perfis digitais ateus são acusados de intolerância religiosa. A crítica da religião, no entanto, é legítima, garantida pela laicidade estatal, assim como o direito de crer e frequentar um culto ou igreja.

A questão da liberdade e expressão de crença tem contornos e impactos jurídicos, sociais, políticos. Há, no Brasil, arcabouço legal que pune calúnia, difamação e preconceito; ele é usado por ateus ou religiosos. A situação de tensões e disputas por liberdade tem a ver com o regime socioeconômico predominante (capitalismo financeiro-neoliberal) e seus efeitos culturais e políticos. A forma contemporânea de produzir a vida social amplia a plataformização/uberização dos vínculos sociais em geral, favorece monopólios de empresas transnacionais, obscurece a relação algoritmo/público-alvo. Não há uma rede pública universal de internet e tampouco há acesso público (sindicatos, associações, universidades) a como são e se movem os algoritmos a partir da ação de grandes monopólios privados. Isso destrói políticas de promoção da igualdade/justiça social, acentua identitarismos, narcisismo, expulsa a alteridade dos espaços públicos. A alteridade do ateu é o religioso; e a do religioso, o ateu. A desregulação e inflação do signo, o declínio da semântica, resultantes dessa configuração, trazem problemas. Na religião capitalista do culto ao igual a si mesmo, expulsa-se a alteridade. Faz-se do igual (a mim, ao meu grupo) um novo sagrado. A postura dogmática cresce. O desafio de sair do sectarismo do igual aumenta. Por isso, o problema da relação tensa entre população, plataformas e Estado precisará ser equacionado.

5.2 Hierarquia, população, (des)conversão, Estado

A hierarquia em organizações ateias não é sagrada nem intocável. Ela segue o padrão secular-civil: presidências ou coordenações eleitas, paridade de membros, normas civis. A função também não é sagrada, advinda de uma suposta ordem ou vontade divinas. Não se trata de mediar a relação entre seres humanos e seres divinos. Mas uma função política pode ser sacralizada.

Os chefes, os mediadores e as autoridades civis podem adquirir aura religiosa e fantasmática de adoração e de culto, como em Joseph Stalin, Benito Mussolini, Adolf Hitler, dois ateus e um religioso.

Uma das relações mais complexas se dá entre Estado, sociedade, laicidade e secularidade. As raízes estão na Revolução Francesa de 1789 e, antes, com o Iluminismo e outros movimentos. Cinco situações históricas são fundamentais para entender a relação entre o secular, o ateísmo e a dimensão público-estatal: o Estado mexicano, o francês, o soviético (1917-1991), o chinês e o turco.

O México foi um dos primeiros estados a separar-se da Igreja. A constituição mexicana de 1857 desprezou-a. As leis posteriores garantiram liberdade de ensino e culto, registro civil, secularização dos cemitérios, nacionalização dos bens eclesiásticos e extinção das corporações clericais. Estouraram conflitos armados entre Igreja, Estado, parlamento, partidos políticos e sociedade. Dois ganham destaque: Guerra da Reforma (1857-1861) e Guerra dos Cristeros (1927-1929).

Na França, a luta contra a religião instituída (clero e Igreja) formou um Estado secular desde o século XVIII. A Revolução Francesa de 1789 atacou privilégios eclesiais e aristocráticos. Houve uma intensa campanha de descristianização. Liberdade, igualdade e fraternidade, narrativas poderosas, marcaram a formação política mundial. À direita havia os partidários do privilégio natural, da impossibilidade de eliminar injustiça/desigualdade social, o conservadorismo das hierarquias. À esquerda, os partidários da negação de privilégios naturais, da possiblidade de justiça/igualdade social. Em 1794, Maximilien Robespierre retomou uma forma de religiosidade secular ao instituir o Culto ao Ser Supremo e à Natureza.

Os embates entre Igreja e Estado prosseguiriam na Era Napoleônica. O Código de Napoleão (1804) instituiu o casamento civil (não religioso) e o divórcio. Em 1905, o código laico é promulgado. A separação entre leis civis e republicanas de dogmas teológicos permaneceu. Restringe-se o uso de símbolos religiosos em espaços públicos, especialmente os educacionais. No currículo escolar, nada é excluído do questionamento científico/pedagógico, nem mesmo o humor sobre a religião. É um dos modelos de laicidade, mas existem outros, como os de estados com Igrejas oficiais, como a Grã-Bretanha (Igreja Anglicana), culturalmente laico-seculares.

No Estado soviético pós-1917, a relação entre religião e ateísmo foi complexa. A Revolução Russa promoveu, num primeiro momento, o ateísmo estatal agressivo: destruiu templos ortodoxos, fechou igrejas e confiscou bens religiosos. O ateísmo era parte de um projeto de controle da concorrência e da contestação contra a autoridade ideológica, espiritual e política do ditador Joseph Stalin e do regime soviético. Mas as relações entre Estado, ateísmo e religião mudaram. No espaço público, a religião era mais invisível. Ainda assim, grandes catedrais ortodoxas foram preservadas e depois reabilitadas para a religião. A prática religiosa permanecia em espaços privados. Ao final dos anos de 1980, Mikhail Gorbachev reabilitou a presença das igrejas. Em 1998, na festa que comemorou mil anos do cristianismo ortodoxo, o patriarca da Igreja Russa e o presidente soviético se reuniram.

Na China, após a Revolução de 1949, o Estado passou a ser ateu. Num primeiro momento, com Mao Tsé-Tung, religiões (nativas, cristãs, islâmicas, budista, xintoísta) foram proibidas e reprimidas. Em 1959, a China invade o Tibete, região autônoma budista liderada por um dalai lama, autoridade espiritual e política. O líder exilou-se com muitos monges. Houve repressão intensa, com proibição de prática religiosa. Após alguns anos, por várias causas, a China relaxou restrições e criou uma política de controle nacional. Estimulou uma igreja católica independente de Roma. Em alguns casos, como minorias étnicas (a uigur muçulmana tem 12 milhões de pessoas), a repressão tem sido forte. A China promoveu religiosos tibetanos como governantes locais e, em 1992, assumiu o controle do processo de identificação das reencarnações dos lamas. Em 1995, televisionou a cerimônia da Urna Dourada. Foi um ritual para mostrar controle e obediência, dirigido ao público chinês urbano, moderno e secularizado (Eller, 2018).

A Turquia, entre Europa e Ásia, nasceu republicana e laica a partir das ruínas do poderoso Império Otomano. No século XVIII recebeu influência ocidental. Progressivamente, ideias como democracia e laicidade entraram em cena e foram incorporadas. Movimentos de defesa da laicidade e da república nasceram: modernizadores e nacionalistas. Após a Primeira Guerra Mundial, quando o Império Otomano perdeu a guerra junto com Alemanha, Rússia e outros, Mustafá Kemal (Atatürk, pai dos turcos) derrubou a autoridade religiosa islâmica e, junto com uma parcela da sociedade, instaurou a república, promoveu a laicização: tribunais de lei islâmica foram fechados, instituiu-se um código civil republicano. A secularização da vida social ganhou impulso: vestuário, casamento. Algumas reformas continuaram as iniciadas no século XIX. Mudanças foram impostas (como se vestir e o que vestir). Houve reações populares contra a imposição. Em 1924, criou-se um departamento estatal para gerir assuntos religiosos. Desde 2003, com Recep Erdoğan, líder islâmico-conservador e político de direita, a laicidade estatal foi amenizada. A religião ganhou influência, mas trouxe a recuperação da laicidade, que passou a inspirar grupos jovens urbanos.

A teoria das emoções de frustração e raiva, de Ryrie (2019), pode ajudar a entender esses momentos de forte comoção coletiva – revoltas e revoluções – e seus revestimentos e desdobramentos laicos, seculares, ateus. O caminho inverso rumo à religião também pode ser explicado assim, bem como ajudar a entender como alguém vem a tornar-se ateu, uma questão intrigante. Conversão e desconversão, ou a passagem de um estado de vida religioso a um não religioso, são fenômenos com aspectos psicossociológicos e antropológico-históricos. Nascer em uma religião e, a certa altura, reconhecer-se agnóstico/ateu é uma experiência vital, mas está ligada a transformações sociais amplas – educação, saúde, infraestrutura e mobilidade social ascendente, industrialização, urbanização etc., enfim, o modo de produção da vida socioeconômica.

A saída da religião para não religião, e vice-versa, ocorre com mais frequência no mundo moderno. Pode-se falar em desconversão ou conversão ao ateísmo. A aceitação gradual ou repentina de uma religião, ao abandono, à recusa ou à rebeldia repentina ou gradual contra uma religião é multifacetada. Denis Diderot e Georges Bataille (1897-1962) ilustram a conversão não religiosa. Oriundos da Igreja Católica, filósofos e escritores estupendos, ambos criticaram dogmas cristãos e ampliaram perspectivas sobre vida, sociedade, natureza, humanidade, corpo e erotismo.

Comportamentos, ideias, atitudes, emoções, traumas, conjunto da vida são importantes para entender a desconversão. O ateísmo e a religião são construções multidimensionais e múltiplas. A desconversão pode ser motivada por razões diversas, como a rejeição de ideias religiosas. William James (1842-1910), psicólogo e filósofo estadunidense, publicou em 1902 um livro de conferências, *As variedades da experiência religiosa*, em que procura explicar a religião. Parte do livro fala de conversões (religião/não religião). Essas mudanças podem envolver um ponto de viragem súbito, mas em geral precisam ser vistas como multicausais e processuais, com momentos de indeterminação e indecisão.

Numa sociedade inteiramente ou em partes secularizada, laicizada, com amplo acesso a cultura escolar e leituras, com diversidade de vida urbana, as passagens ao secular ou ao ateísmo e agnosticismo são menos dramáticas, mais comuns. Não suscitam perseguição, morte, horror, censura, como é o caso em alguns países cristãos e muçulmanos. Em alguns países, por exemplo, a China, milhões de pessoas nasceram, viveram, casaram-se e tiveram filhos. E estes cresceram sob ambiente secular e ateu, desligado de religião. É preciso cuidado com estereótipos sobre o perfil dos que se tornam ateus. Não é um fenômeno exclusivo da classe média/alta e letrada. Em ambientes rurais, com tradição oral, o fenômeno ateísta/agnóstico pode ocorrer assim como em ambientes periféricos, empobrecidos. O sentimento de imanência, injustiça, a miséria e as desigualdades gritantes podem embalar desconversões religiosas e conversões ateias.

Serão necessárias teorizações que articulem emoções de frustração, ideias de dúvida e descrença, e modos materiais de produção da vida para ampliarmos a compreensão do ateísmo e de suas dinâmicas individuais e coletivas.

Sexta lição

Ritos, celebrações, tendências

Associamos a ideia de rituais, cerimônias e celebrações a religiões, templos, seitas, Igrejas, magia, mundo do sagrado e suas potências puras ou impuras. Mas ritos têm uma dimensão social-civil, profana. Claude Rivière (1996) mostra que a ideia de rito não está restrita à de sagrado ou de religião. Ele fala de uma emancipação teórica do rito dessacralizado. Há ritos de comensalidade, esportivos, de passagem (estados de vida).

Os ritos, como mostra Émile Durkheim (2006), são formas como a sociedade se põe em ato, presentifica sua consciência coletiva, vivifica suas representações coletivas. Crenças e mitos compõem a consciência/representação coletiva. Rituais refazem sentimentos, reforçam crenças e ideais coletivos, socializam novos membros, trazem sensação de estabilidade, afirmam a validade de modelos de vida exalados nos mitos. Quando a sociedade muda, complexifica-se, quando o individualismo se torna forte e os laços sociais se tornam orgânicos, o secular e o laico ganham espaço. O culto ao indivíduo e seus direitos, distinto dos antigos cultos, fortalece-se. Datas cívicas e laicas – independência, fundação, constituição – ganham ênfase.

As classificações de ritos são muitas: de ordem, de purificação, positivos, de cura, de passagem, negativos. Mas o que diferencia o ritual do que não o é, o que coloca algo em evidência não são signos, coisas, palavras, música, cor, cheiro em si. Isso está presente em situações comuns. O rito, profano ou religioso, nasce da forma, da intensidade, do uso dos signos e dos seus contextos, enquadramentos, executantes, praticantes, suas funções sociais e psicológicas.

Não há feriados santos para ateus. Mas, em alguns grupos do humanismo secular e ateísmo militante, há cerimônias civis equivalentes a dias santos. Algumas foram inventadas em contraposição à liturgia religiosa. Criou-se o Dia do Orgulho Ateu, 12 de fevereiro, data de nascimento de Charles Darwin. Grupos de ateus mundo afora o comemoram. Comemoram-se datas de eventos, fatos históricos (Galileu Galilei, Giordano Bruno), datas de nascimento/morte de intelectuais, pensadores, cientistas, escritores, atores, líderes ateus. Comemoram-se os embates e heróis do pensamento agnóstico, cético e ateu. Surgem paródias de datas religiosas.

As sociedades/culturas embebidas com o cristianismo, ao construírem um lugar da religião e do sagrado, simultaneamente construíram o espaço do profano e do secular. Essas construções são distintas, mas, em um plano estruturalista-cognitivo, têm correspondências e semânticas invertidas, ou seja, o que aparece num lugar como positivo, aparece em outro como negativo. Por isso, analistas criaram a noção de religião civil, ou religião secular. Há símbolos e ritos seculares ou que eram religiosos e se secularizaram (Moore; Myerhoff, 1977).

Byung-Chul Han (2021) põe a questão do desaparecimento dos rituais. Esse filósofo germano-coreano recusa o saudosismo e diz que o ritual faz do estar--no-mundo um estar-em-casa. Mas, no neoliberalismo, velocidade, narcisismo, solidão, necessidade de produzir-consumir-trabalhar continuamente destroem o ritual, que é a pausa necessária à vida social e individual. Decaem as ações simbólicas que transmitem e representam valores, que promovem o reconhecimento (direitos sociais e individuais). Emerge a comunicação sem comunidade. Cria-se extremo individualismo e narcisismo, por um lado, e um comunitarismo dos iguais, fechado e intolerante (negação da alteridade), por outro. Deterioram-se formas associativas laicas e republicanas, espaços públicos (lazer, cultura, convivência); comunidades de conversação e troca coletiva são ameaçadas. Dia e noite se tornam indistintos. Fármacos para ligar e desligar são consumidos. Aumentam os transtornos mentais. Apagam-se fronteiras entre vida privada e pública, expõe-se tudo o que é privado ao máximo (traumas pessoais). Impera a transparência absoluta e a pornografização da vida: traumas são expostos, vendidos, divulgados. Em virtude do hiper-real, um fragmento de realidade estilizado e inflamado se torna a realidade. Destroem-se políticas públicas de bem-estar e igualdade social. Toda a cidade vira a fábrica. Todos estão plugados nas plataformas digitais: trabalho, consumo, produção, vida, lazer, sofrimento se fundem. As riquezas geradas são apropriadas pelo grande capital privado (Google, Meta, Amazon, outros). Aumentam as gentes precariamente empregadas e o número dos endividados (o crédito bancário e financeiro substitui o salário social-indireto garantido pelo Estado). Busca-se, para tudo, da tragédia ao cotidiano, palco, teatro, o suposto autêntico para suprir o eu esvaziado, sem sujeito, acoplado às máquinas digitais. A riqueza gerada, fruto do esforço de todos nós individualmente conectados e consumindo/trabalhando em rede, não retorna para o bem comum. Os ritmos sociais são esvaziados. Os ritos perdem importância. Porém, as narrativas de luta para mudar essas realidades existem, multiplicam-se e apontam novas possibilidades. O futuro não está fechado, ele permanece aberto.

A subjetividade maquínica empobrece o pensamento e a vida emocional, e os atrela ao algoritmo binário, ordenador, mas nunca criativo, inteligente e sensível. Máquinas são responsáveis pela produção e movimentação de conteúdo (vídeo, imagem, meme, texto) e fluxo de capital. Quem as alimenta são trabalhadores humanos em situação precária. Para a máquina capitalista funcionar concentrada e desigual, as redes sociais precisam estar sem regulação. A fragmentação social alimenta o sentimento de frustração social (perda de emprego, direitos, felicidade sexual e social), a raiva; e estas aumentam as correntes de direita neofascistas, libertárias e neoliberais, que ancoram as gentes frustradas, atraem multidões, cliques, dinheiro. E elegem políticos nas eleições.

Mas há esperança: luta por justiça e igualdade sociais, democracia participativa, politização consciente e crítica de cidadania, e ampliação de direitos também estão presentes nas plataformas e nas ruas, assim como associações, governos de centro e esquerda, partidos políticos, sindicatos e associações. Eles não morreram; sobrevivem e lutam.

Os grupos e as organizações ateístas no Brasil fortaleceram-se, à rigor, com a afirmação da República em 1889. Era mais fácil ser republicano, ateu, positivista do que monarquista. Neste último regime havia junção entre fé católica, latifúndio e império. A Primeira Constituição Republicana, à semelhança de outras pelo mundo, consagrou a liberdade de culto, de crença, e secularizou cemitérios, registros civis, casamento, educação. O republicanismo, que englobou movimentos civis, parte das elites urbanas, forças armadas, oligarquias menores, profissionais liberais, os maçons, foi importante para a laicidade. Aí havia ateus. As correntes intelectuais e políticas positivistas e republicanas, em ascensão entre finais do século XIX e começo do XX, tinham alguma proximidade com o ateísmo e o agnosticismo: lutavam contra a Igreja, o clero católico; defendiam laicidade, educação pública. Num segundo momento, veio o culto à humanidade, de Auguste Comte, e igrejas positivistas foram criadas em Porto Alegre e Rio de Janeiro. Elas mantinham a defesa do Estado laico e da educação pública.

Logo em seguida vieram correntes marxistas e anarquistas com ênfase numa leitura da religião como opressão das massas, entorpecente, alienadora. Os anarquistas formaram um capítulo à parte, com suas revistas, seus jornais (*A Lanterna*, entre 1901 e 1935), sua luta política contra a Igreja e o clero, sua defesa do Estado laico. Grupos e nomes ligam-se a essas duas tradições político-culturais, com reflexos mais consistentes no mundo das artes (teatro, literatura).

Ao longo do século XX, grupos ateus expandiram-se, acompanhando modernização e crescimento urbano, industrial, ampliação de direitos civis e sociais. Perdeu-se influência católica eclesial. Elevou-se o nível de educação pública. Muitos escritores, poetas, cientistas, pensadores, artistas e políticos assumiram-se ateus: Darcy Ribeiro (1922-1997), Oscar Niemeyer (1907-2012), Luiz Carlos Prestes (1898-1990). Mas os nomes precisam ser ligados aos contextos e às correntes políticas, artísticas, culturais e sociais; nenhum nome está isolado: Luís Prestes liga-se ao comunismo leninista. Outro nome ateu famoso, Jorge Amado (1912-2001), comunista, tinha uma sensibilidade ímpar para com a religião: *Tenda dos milagres* (1969) e outros escritos falam da religião dos orixás, do catolicismo, dos dramas existenciais e sociais. O ateísmo ainda é visto, em algumas situações, como doença, erro, ofensa, pecado, crime, heresia, pacto demoníaco. Isso é preconceito e erro. Todavia, no Brasil moderno, urbano-rural-digital, latifundiário-fraturado-favelado, o ateísmo é assumido por médicos, cantores, artistas, intelectuais, gente simples. Alguns nomes: Dráuzio Varella, Antônio Fagundes, Caetano Veloso, Andreia Beltrão, Vera Holtz, Lima Duarte. Organizações como a Associação Ateísta do Planalto Central (Apce) completam o quadro.

A luta pela defesa do Estado laico contra influências religiosas, em favor de direitos das minorias (ateus/agnósticos, população LGBTQIAPNB+, negros, mulheres, indígenas) e em apoio à ciência e à educação pública é longa, com muitos grupos e personagens. No Brasil, o divórcio foi aprovado no Congresso em 1977; e a união civil homossexual foi aprovada em 2010 pelo STF. Nessas batalhas, o ateísmo e o agnosticismo têm sido fundamentais. No campo educacional público, o ensino laico e plural abre-se às crenças e aos modos de vida não religiosos, em pé de igualdade com fés e religiões.

Uma fronteira de expansão dos grupamentos ateístas é o mundo virtual. Perfis individuais, comunitários e grupais pululam no YouTube, Instagram, Telegram, Facebook, TikTok. Há depoimentos, imagens, entrevistas, textos, memes e vídeos relativos às concepções e práticas ateístas em muitas tonalidades: libertária/neoliberal, igualitária/social-democrata, essencialista e/ou agressiva com religião, e compreensiva. O fenômeno está ligado à expansão digital e às suas tecnologias. Toda vida individual e social está dentro do virtual. Não há mais on-line e off-line. Quando parte do ateísmo entra na moda identitária, efeito de nossa época digital-plataformizada, neoliberal, algorítmica-pornografizada, ele torna-se intolerante, dogmático, sisudo, pouco dado a conversas com sua alteridade.

Em relação ao futuro, as pesquisas apontam crescimento dos não religiosos. Mezadri (2016) comenta dados e traz argumentos para perspectivar o ateísmo no Brasil, um fenômeno em crescimento. Dados do Latinobarômetro de 2014 apontam 11% de ateus, agnósticos e sem-religião (Mezadri, 2016). O Instituto DataFolha, com amostras feitas entre 2020 e 2022, mostrou 49% de católicos, 26% de evangélicos e 14% de sem-religião. Entre os jovens de 16 a 24, os sem-religião vão a 25%. Em São Paulo chegam a 30%, contra 27% de católicos, 24% de evangélicos e 19% de outras. No Rio, a porcentagem sobe para 34%, contra 32% de evangélicos e 17% de católicos e demais religiões. O crescimento dos sem-religião traz o do ateísmo, embora em menor proporção.

A previsão de um eixo temático para imanência, princípios e valores éticos na BNCC (Base Nacional Curricular Comum) da disciplina Ensino Religioso, de 2018 (Silveira; Junqueira, 2020), foi um importante espaço para o ateísmo, o sem-religião e o agnosticismo. Apesar de criticada, a BNCC é um espaço para que essa disciplina na educação pública, reduto de ensino confessional/dogmático e de luta por poder entre católicos e evangélicos, seja mais laica, plural, não dogmática, não confessional. É preciso espaço para pluralidade religiosa, filosófica e para perspectivas literário--históricas de textos sagrados como a Bíblia. É uma luta árdua, mas importante.

Costuma-se afirmar que a religião seria um fenômeno universal e natural, presente em qualquer sociedade/natureza humana. Quando a ideia de natureza é desinflacionada numa perspectiva pragmatista, supõe-se que religião e não religião ou antirreligião são perspectivas e narrativas pelas quais se olha e se descreve o mundo. Ambas são fenômenos históricos e sociais, mudam imensamente na história e na vida. Há outras formas de pensar essa questão a partir da etnografia-antropologia. Surgem especificidades, diferenças (Eller, 2018). Há grupos sociais que não ligam para religião. Não sentem dela a menor falta.

Comunidades e grupos ilustram como a ideia de religião necessária e universal não é universal e necessária. Frederik Barth (1928-2016), antropólogo norueguês que estudou a relação entre etnia/raça, sociedade e Estado, etnografou os basseri, um povo de criadores de gado nas montanhas do Irã, país muçulmano de minoria xiita. A observação intensiva mostrou pobreza de rituais religiosos, afirmação oral de pertença à religião, mas demonstração de desconfiança, desinteresse por problemas "metafísicos". Não havia especialistas religiosos, como profetas, sacerdotes ou magos, ao menos nas clássicas formulações de Max Weber ou Pierre Bourdieu. As cerimônias eram simples. O calendário falava de migração e fatos sociais. O religioso era algo como má sorte.

No Quirguistão, país muçulmano que saiu da bandeira ateísta soviética, estudos etnográficos mostram que o povo quirguiz, em especial da cidade de Bishkek, resiste a uma identidade religiosa militante. Embora prestassem atenção em presságios e sonhos, falar disso era, segundo esse estudo, embaraçoso. Havia práticas religiosas, mas eram acompanhadas de gestos e comportamentos irônicos. Depois do fim da União Soviética, o reavivamento religioso ficou restrito a poucas comunidades religiosas, como a Igreja Ortodoxa, que sustenta o regime político de democracia enfraquecida, populista e de extrema-direita de Vladimir Putin.

Os conceitos comuns de religião e antirreligião podem ser insuficientes diante de contextos singulares como o do xintoísmo no Japão. Em 2005, a Pesquisa Mundial de Valores apontou que 62% dos japoneses se dizem não religiosos, 13,7% ateus e 4,4% eram membros de organizações religiosas (Eller, 2018). Santuários, templos e formações naturais ficam lotados, e desde o século XIX novos movimentos religiosos nasceram. A narrativa ocidental separa secular (social, civil, natural) de um lado e coloca em outro o religioso (sobrenatural, litúrgico). No xintoísmo, o mundo dos espíritos, o da natureza e o social são contínuos, imiscuem-se. O budismo se misturou com essa expressão religiosa e foi ressignificado no processo. O religioso tem mais a ver com obrigações sociais do que com fé confessada. É algo que se faz como comer, trabalhar. Não é uma dimensão transcendental da vida. Há uma festa social japonesa que escandalizaria os cristãos reacionários: a festa do pênis, em que se celebra potência, fertilidade, alegria, fecundação. Em procissão, o pênis/falo sai carregado por sacerdotes. Casais, famílias, senhoras/senhores, crianças, jovens comem guloseimas com formato peniano, sentam-se e brincam com estátuas fálicas, e riem.

Sétima lição

Símbolos e significados

A materialização concreta de ideias e práticas sociais assume muitas formas desde o momento em que o pensamento simbólico e a linguagem – corporal, linguística – foram aperfeiçoados com a espécie humana moderna. Registros dos mais antigos funerais humanos datam de 40 mil anos, antes das grandes civilizações imperiais antigas – egípcia, maia, chinesa –, e mostram um pensamento simbólico complexo pela disposição do corpo enterrado e presença de pinturas rupestres, ossos trabalhados e vasilhames. Não se sabe ao certo o que pensavam quando esses rituais foram realizados, mas o ser humano procurou dar concretude a práticas e ideias.

Há expressões religiosas populares e institucionais que se materializaram, ou seja, desenvolveram expressões concretas na arte, na escultura, na música, na literatura, na arquitetura, e deixaram muitas riquezas ou indícios materiais. E quanto mais essas religiões se prolongam no tempo e no espaço, quanto mais elas se universalizam ou deixam seu lugar original e seguem em direção a outros espaços, mais serão variadas as expressões, mais históricas elas serão.

Os monoteísmos e suas expressões materiais, da tapeçaria ao canto, da dança à música, do templo aos objetos sagrados, têm diferenciações, ênfases, modos e ideias, uma complexa história, ricas manifestações. Da mesma maneira ocorre com religiões autóctones e tribais, budismo, hinduísmo, xintoísmo e tantas outras. Há religiões/práticas populares que despareceram sem deixar vestígios. Às vezes sabe-se delas indiretamente por meio de crônicas de mercadores, missionários, comerciantes, visitantes, estudiosos ou colonizadores. Uma catedral gótica medieval ou uma catedral ortodoxa é uma concretização material diferente das primeiras catacumbas romano-pagãs, onde as comunidades cristãs primitivas se reuniam, assim como uma mesquita otomana em relação à Kaaba, em torno da qual se construíram as mesquitas de Meca, cidade sagrada do islamismo. Fora do mundo ocidental moderno, a religião não é uma dimensão à parte de outras, como arte, poder, política, conhecimento, sexualidade, ou, se ela se tornou uma dimensão com regras e ideias próprias, não foi e não se dá da mesma forma como em outras partes do mundo.

O secular, laico ou ateu deixou expressões institucionais a partir da emergência do mundo moderno capitalista ocidental, quando a religião passou a ser uma esfera de valor distinta, específica. Os ateísmos ficaram visíveis.

Quando se formam artes específicas, o ateísmo segue imagens e padrões inspirados por visão secular, desencantada, científica. Em tempos cibernéticos, a presença ateia aumentou e gerou intervenções artísticas. A criação de memes, espaços e arquiteturas virtuais seculares e ateus multiplicou-se.

Em relação à alimentação considerada sagrada, certas comidas (frutas, carnes etc.) e suas preparações/disposições no hinduísmo, budismo, cristianismo, judaísmo, islamismo e nas religiões afro-brasileiras carregam forte simbolismo (pão e vinho cristão, comida dos orixás, comida judaica kosher, comida vegana hindu). Mas no ateísmo não há nada similar. Há, no entanto, paródias, deboches e desconstruções das refeições sagradas, feitas em rituais humorísticos, sarcásticos.

Manifestações de dúvida, ironia, sarcasmo e deboche estão presentes nas religiões. Existem paródias e deboches medievais e modernos da Santa Ceia e dos símbolos sagrados, mas eles são distintos. Nesse ínterim, o ateísmo tem verve de ironia e crítica à religião. Um famoso grupo artístico-humorístico inglês, Monty Python, produziu filmes interessantes: *Monty Python e o cálice sagrado*, de 1975 e *A vida de Brian*, de 1979. O primeiro ironiza a busca do cálice sagrado da Última Ceia. O segundo ironiza a vida de Jesus ao inventar um personagem paralelo, Brian, que viveu dramas/tragédias similares ao Menino de Belém. Ele foi confundido com os rabis e profetas populares da época, como Jesus, e acabou crucificado.

Todavia, no ateísmo não há símbolos sagrados oficiais. Não há um livro ou uma doutrina oficial, ou uma hierarquia sagrada. Mas há reverência e respeito por datas e personagens históricos. Há muitas federações, associações, clubes e grupos que promovem o ateísmo, agnosticismo, livre-pensamento, ceticismo e humanismo. Os símbolos usados nessas organizações e nesses agrupamentos são diversificados. Eles podem remeter a ciências naturais (por exemplo, o modelo de representação do átomo), tubos de laboratório, telescópios, ou podem remeter a fatos históricos, sociais e culturais.

Imagens icônicas – pinturas, fotografias, esculturas – de ateus e agnósticos famosos são adotadas como simbologia: David Hume, Charles Darwin, Friedrich Nietzsche, Ernestine Rose, Sigmund Freud, Karl Marx e muitos outros e outras. Também são simbólicos datas de nascimento/morte de artistas, pintores, cientistas, pensadores, escritores, líderes ateus/agnósticos/laicos. Tornam-se símbolos eventos históricos (julgamento do matemático, filósofo e astrônomo Galileu Galilei na Inquisição da Igreja Católica), publicações de textos, manifestos, revoltas, revoluções e datas cívicas (promulgação de leis laicas, ou seculares).

Os sentidos e significados dos símbolos sempre são plurais, mudam historicamente, mas podem ser agrupados em três eixos:

I. Ciência racional, suas descobertas e seus avanços, a coragem de pensar, investigar, desafiar dogmas religiosos, ir além.

II. Liberdade de pensamento contra autoritarismo religioso e outros tipos; igualdade social; defesa do Estado laico, sem interferências religiosas, educação pública, gratuita e de qualidade, sistemas de saúde amplos gratuitos.

III. Esclarecimento e luta contra abusos do poder religioso por parte de líderes e organizações religiosas que trazem prejuízos às pessoas e à sociedade.

As simbologias ateístas são, portanto, várias e podem tomar distintos signos, mas têm como referência a filosofia (sem enquadramento do divino), as ciências e seus maiores ícones.

Como a vida e a religião, essas simbologias estão no ambiente virtual. É preciso um breve histórico sobre o mundo digital. De 1980 aos anos de 2000 tivemos uma internet livre, aberta, cheia de empresas pequenas, redes sociais e descentralizadas. Havia compartilhamento de poderes e saberes, era a época de ouro do movimento software livre (Linux, Ubuntu), para dar a todos liberdade de uso, evitando a monopolização privada. Foi o tempo de promessas utópicas: ciberpunk, ciberfeminismo e outras.

A partir dos anos de 2000, no entanto, sucessivas crises capitalistas de acumulação financeira provocaram mudança: empresas quebraram, e as grandes agigantaram-se, produziram novos mecanismos de circulação, produção e venda de conteúdo com novos usos dos algoritmos. A plataformização digital e a uberização da vida avançou. As tecnologias da comunicação estão a reboque das transformações socioeconômicas, embora tenham dinâmicas específicas.

Num mundo de virtualização, gerado pelo capitalismo financeiro-neoliberal-global em fluxos velozes, as expressões materiais da não religião englobam sons, palavras e imagens: canções, filmes, videoclipes, falas (palestras, cursos etc.), imagens antigas, fotos de estátuas, museus. O problema dessa configuração é, por um lado, o excesso de signos, que crescem desordenadamente, estão deslocados, descontextualizados, fragmentados, e, por outro, a pobreza dos processos de interpretação, o identitarismo e o espírito de seita.

Conclusão

Há diferentes ateísmos e maneiras de ser ateu. No longo passado ou no presente acelerado, eles não são iguais, não são um fenômeno que trocaria de casca e se manteria igual desde sempre – mas são parte indissociável do desenvolvimento histórico humano e social. Quando organizado em movimentos e associações, podem contribuir para a laicidade do Estado, capaz de permitir a convivência das alteridades religiosas e não religiosas.

O direito de não se filiar a alguma igreja/religião, crer na inexistência de Deus e não ser obrigado a prestar culto aos deuses é importante, assim como o de acreditar/participar de uma religião. Exploração da fé, igrejas usadas para lavagem de dinheiro e fomação de milícias, gurus/sacerdotes abusadores, *coachs* espiritualistas negadores de vacinas, esses são problemas de polícia, ministério público, campanhas de informação, luta por melhor sistema público de saúde e educação, políticas de igualdade e justiça social. Por outro lado, multiplicar estudos sobre o ateísmo em áreas como história, sociologia, psicologia, antropologia, ciência da religião, com métodos diversos (empírico-quantitativos, qualitativo-teóricos, etnográfico-históricos), aumenta a compreensão do fenômeno ateísta.

Cultivar múltiplas narrativas (artes, ciências, literaturas, filosofias), distingui-las segundo sua função/tempo/espaço, conviver com todas, abrir espaço para vivências corporais (jogos, competições, festas), em especial na escola pública, ajuda a desmontar o fanatismo da religião do "igual a si". Quem a trouxe foi o capitalismo financeiro-neoliberal, ancorado em plataformas digitais privadas. Os efeitos não intencionais dessa configuração – desinformação, pós-verdade, isolamento de grupos em suas crenças, narcisismo e histerismo – podem lançar ateus e religiosos em rinhas identitárias inúteis.

Todavia, é possível rever as formas econômicas, tecnológicas e políticas ligadas ao capitalismo em voga e, quiçá, ele próprio. Abre-se o horizonte da utopia. Esta não se presta à realização concreta-real, pois é apenas uma sinalização para seguir adiante. Ela põe à disposição de ateus e religiosos sonhos universais de amor, liberdade, justiça, igualdade, equanimidade e fraternidade.

Obras para conhecer mais

AGAMBEN, G. *Profanações*. São Paulo: Boitempo, 2007.

BERGER, P. *O dossel sagrado*. Elementos para uma sociologia da religião. São Paulo: Paulus, 1989.

BERGER, P. *Os múltiplos altares da modernidade*. Rumo a um paradigma da religião numa época pluralista. São Paulo: Vozes, 2017.

BEAUVOIR, S. *Todos os homens são mortais*. 2 ed. Rio de Janeiro: Nova Fronteira, 2019.

CAMURÇA, M. Imaginário, símbolos e rituais nos movimentos de esquerda e organizações comunistas. *Religião & Sociedade*. Rio de Janeiro, v. 19, n. 1, p. 29-58, 1998.

COMTE-SPONVILLE, A. *O espírito do ateísmo*: introdução a uma espiritualidade sem Deus. São Paulo: WMF Martins Fontes, 2007.

DAWKINS, R. *Deus, um delírio*. São Paulo: Companhia das Letras, 2007.

D'HOLBACH, B. *O cristianismo desvelado ou exame dos princípios e efeitos da religião cristã*. São Paulo: Artêra, 2021.

DURKHEIM, É. *As formas elementares da vida religiosa*. São Paulo: Martins Fontes, 2006.

FEBVRE, L. *O problema da incredulidade no século XVI*. A religião de Rabelais. São Paulo: Companhia das Letras, 2009.

FREUD, S. *O futuro de uma ilusão e outros textos*. Obras Completas. São Paulo: Cia das Letras, 2014. v. 17.

FEUERBACH, L. *A essência do cristianismo*. Petrópolis: Vozes, 2013.

GABOARDI, G. Por que o ateísmo é uma crença? *Portal Academia.Edu* [2017?]. Disponível em: https://www.academia.edu/7339141/Por_que_o_ate%C3%ADsmo_%C3%A9_uma_cren%C3%A7a – Acesso em: 28 fev. 2024.

GABOARDI, G. Ateísmo, agnosticismo ou ceticismo? *Portal Medium*, 6 dez. 2017. Disponível em: https://medium.com/@GregGaboardi/ate%C3%ADsmo-agnosticismo-ou-ceticismo-c6c1db6a038f – Acesso em: 28 fev. 2024.

GHIRALDELI, P. *Semiocapitalismo*. Ibitinga: Cefa, 2022.

GHIRALDELLI, P. *Subjetividade maquínica*. São Paulo: Cefa, 2023.

MEZADRI, F. *Um estranho entre nós* – perspectivas teóricas para um estudo sociológico do ateísmo na sociedade brasileira. *Estudos de Religião*, v. 30, n. 3, p. 63-87, set./dez. 2016.

MINOIS, G. *História do ateísmo*: os descrentes no mundo ocidental, das origens aos nossos dias. São Paulo: Ed. Unesp, 2014.

MONTERO, P.; DULO, E. Ateísmo no Brasil: da invisibilidade à crença fundamentalista. *Novos Estudos Cebrap*, 2014, p. 7-79.

NIETZSCHE, F. *A gaia ciência*. São Paulo: Companhia das Letras, 2001.

NIETZSCHE, F. *Genealogia da moral*. São Paulo: Companhia de Bolso, 2009.

ONFRAY, M. *Tratado de ateologia:* física da metafísica. São Paulo: WMF Martins Fontes, 2014.

SILVEIRA, E.; SAMPAIO, D. *Narrativas míticas*. Petrópolis: Vozes, 2018.

SILVA, R. *O ateísmo no Brasil*: os sentidos da descrença nos séculos XX e XXI. Jundiaí: Paco, 2020.

SLOTERDIJK, P. *Pós-Deus*. Petrópolis: Vozes, 2019.

VALLE, E. (org.). *Ateísmo e irreligiosidades*. Tendências e comportamentos. São Paulo: Paulinas, 2018.

TAYLOR, C. *Uma era secular*. São Leopoldo: Ed. Unisinos, 2010.

Bibliografia

ASAD, T. *Formations of the secular*: Christianity, Islam, Modernity. Stanford: Standford University Press, 2003.

ASSIS, M. de. *Bons dias! & notas semanais*. São Paulo: Globo, 1997.

BECHERT, I. Of pride and prejudice: a cross-national exploration of atheists national pride. *Religions 12*, n. 8, 648, 2021.

BRANDOM, R. *Articulating reasons*: an introduction to inferentialism. Harvard: Harvard University Press, 2001.

BULLIVANT, S.; RUSE, M. (eds.). The Oxford handbook of atheism. *Oxford Academic*, Oxford, 21 nov. 2013.

ELLER, J. D. *Introdução à antropologia da religião*. Petrópolis: Vozes, 2018.

EPICURO. *Antologia de textos*. São Paulo: Nova Cultural, 1988.

DELEUZE, G. *Empirismo e subjetividade*: ensaio sobre a natureza humana segundo Hume. São Paulo: Ed. 34, 2012.

FREUD, S. *O futuro de uma ilusão*. Rio de Janeiro: Imago, 1996.

GAUCHET, M. *El desencantamiento del mundo*: una historia política de la religión. Madri: Trotta, 2005.

GRASSIANO VALENCIANO; TEODÓSIO, A. *Decreto contra os heréges*. Código Teodosiano, XVI, 1, 2, (380), Princeton, 1952, p. 440. Disponível em: https://nova-escola-producao.s3.amazonaws.com/9wV42RfVJyrqurh3AN8PRHwPJFDX3kF54mvTMaDTWugTU9JXtvTb5JwbJYgk/momento-1-conflitos.pdf – Acesso em: 26 fev. 2024.

HAN, B. *O desaparecimento dos rituais*: uma topologia do presente. Petrópolis: Vozes, 2021.

HASHEMI, M. *Theism and atheism in a post-secular age*. Londres: Palgrave Macmillan Cham, 2017.

INGOLD, T. *Evolução e vida social*. Petrópolis: Vozes, 2019.

KERÉNYI, K. *Religião antiga*. Petrópolis: Vozes, 2022.

LÉVI-STRAUSS, C. *O pensamento selvagem*. Campinas: Papiros, 1990.

LÉVI-STRAUSS, C. *Somos todos canibais*. São Paulo: Ed. 34, 2022.

MARX, K.; ENGELS, F. *O manifesto comunista*. São Paulo: Boitempo, 2001.

MARX, K. *Crítica da filosofia do direito de Hegel*. São Paulo: Boitempo, 2010.

MARX, K. *Diferença entre a filosofia da natureza de Demócrito e a de Epicuro*. São Paulo: Boitempo, 2018.

MOORE, S. F.; MYERHOFF, B. G. (eds.). *Secular ritual*. Assen/Amsterdã: Van Gorcum, 1977.

OLIVEIRA DA SILVA, R. O Ateísmo na historiografia. *Revista Relegens Thréskeia*, [S.l.], v. 9, n. 2, p. 1-13, nov. 2020.

ONFRAY, M. *Contra-história da filosofia*. O cristianismo hedonista. São Paulo: Martins Fontes, 2008. v. 2.

PINTO, R. P. Tradução de Eclesiastes, 1.1.1-1.18.1. *O manguezal*, [s.l.], v. 1, n. 1, p. 145-150, jul.dez. 2017. Disponível em: https://www.academia.edu/35683819/TRADU%C3%87% C3%83O_DE_ECLESIASTES_1_1_1_1_18_1_published_ in_2018_ – Acesso em: 20 fev. 2024.

PIERUCCI, A. F. *O desencantamento do mundo*. São Paulo: Ed. 34, 2013.

RIVIÈRE, C. *Os ritos profanos*. Petrópolis: Vozes, 1996.

RYRIE, A. *An emotional history of doubt and protestants: the faith that made the modern world*. Harvard: Harvard University Press, 2019.

RÓCA-FÉRRER, X. *Historia del ateismo femenino en occidente*. Barcelona: Arpa, 2018.

RORTY, R. Anticlericalismo e teísmo. *In*: VATTIMO G.; ZABALA, S.; RORTY, R. *O futuro da religião*. Coimbra: Angelus Novus, 2006, p. 41-56.

RORTY, R. *Pragmatism as anti-authoritarianism*. Harvard: Belknap Press, 2021.

SILVA, F. J. da. Os gregos e a Índia: os gimnosofistas e sua influência sobre a filosofia grega. *Revista Instante*, Campina Grande, v.1, n.1, p.132-148, jul./dez. 2018.

SILVA, R. O. Será que chegou a hora e a vez do ateísmo na historiografia brasileira? *Revista História em Reflexão*, Dourados, v. 12, n. 24, p. 280-308, jul./dez. 2018.

SILVEIRA, E. S.; JUNQUEIRA, S. (orgs.). *O ensino religioso na BNCC*. Teoria e prática para o Ensino Fundamental. Petrópolis: Vozes, 2020.

SLMOKIN, V. *A sacred space is never empty*: a history of Soviet Atheism. Princeton: Princeton University Press, 2018.

SLOTERDIJK, P. *You Must Change Your Life: On Anthropotechnics*. Londres: Polity, 2013.

SOTTOMAIOR, D. Estatuto Social da Associação Brasileira de Ateus e Agnósticos. *Associação Brasileira de Ateus e Agnósticos*, São Paulo, 31 ago. 2008. Disponível em: https://www.atea.org.br/estatuto/ – Acesso em: 26 fev. 2024.

THROWER, J. *Breve história do ateísmo ocidental*. Lisboa: Edições 70, 1982.

VILAS BÔAS, J. P. S. Aforismos 125 e 347 da obra *A gaia ciência*. *Estudos Nietzsche*, Espírito Santo, v. 8, n. 1, p. 134-136, jan./jun. 2017.

WEBER, M. *Sociologia das religiões e considerações intermediárias*. Lisboa: Relógio D'Água, 2006.

WEBER, M. *Metodologia das Ciências Sociais*. São Paulo: Cortez, 2022.

WHITMARSH, T. *Battling the Gods*: atheism in the ancient world. Faber & Faber, 2016.

ZUCKERMAN, P. (ed.). *Atheism and Secularity*. Issues, concepts, and definitions. Santa Barbara: Praeger ABC-CLIO, LLC, 2009-2010. 2 v.

Coleção Religiões em Sete Lições

Coordenadores:
Volney J. Berkenbrock e Dilaine Soares Sampaio

– *Budismo em sete lições*
Clodomir B. de Andrade
– *Espiritismo em sete lições*
Marcelo Ayres Camurça
– *Ateísmo em sete lições*
Emerson Sena

Conecte-se conosco:

f facebook.com/editoravozes

◎ @editoravozes

𝕏 @editora_vozes

▶ youtube.com/editoravozes

◯ +55 24 2233-9033

www.vozes.com.br

Conheça nossas lojas:

www.livrariavozes.com.br

Belo Horizonte – Brasília – Campinas – Cuiabá – Curitiba
Fortaleza – Juiz de Fora – Petrópolis – Recife – São Paulo

EDITORA VOZES LTDA.
Rua Frei Luís, 100 – Centro – Cep 25689-900 – Petrópolis, RJ
Tel.: (24) 2233-9000 – E-mail: vendas@vozes.com.br